Langenscheidts Expresskurs Italienisch

Das Wichtigste für Alltag, Reise und Beruf

Eine leichte Einführung für Anfänger von
Alessandra Cavalli-Wordel
und Elisabetta Cavani Halling

LANGENSCHEIDT
BERLIN · MÜNCHEN · WIEN · ZÜRICH · NEW YORK

Langenscheidts Expresskurs Italienisch
Das Wichtigste für Alltag, Reise und Beruf
Eine leichte Einführung für Anfänger
von Alessandra Cavalli-Wordel und Elisabetta Cavani Halling

Quellennachweis für die Abbildungen:

Zeichnungen: Herbert Horn

Fotos: Bavaria Bildagentur S. 30, 32, 53
IFA-Bilderteam S. 43, 68, 74, 80, 85
Interfoto Pressebild Agentur S. 61, 98
Assessorato al turismo, Regione Puglia S. 38, 92

*Die zu diesem Buch erschienene C 60-Audiocassette (Best.-Nr. 27184)
enthält alle italienischen Lektionstexte ohne Nachsprechpausen und
zusätzlich die ersten sechs Texte mit Nachsprechpausen.*

*Das Werk und seine Teile sind urheberrechtlich geschützt. Jede
Verwertung in anderen als den gesetzlich zugelassenen Fällen bedarf
deshalb der vorherigen schriftlichen Einwilligung des Verlages.*

Auflage:	*5.*	*4.*	*3.*	*2.*	*1.*	*Letzte Zahlen*
Jahr:	*1995*	*94*	*93*	*92*	*91*	*maßgeblich*

© *1991 Langenscheidt KG, Berlin und München*
Druck: Druckhaus Langenscheidt, Berlin-Schöneberg
Printed in Germany / ISBN 3-468-27180-8

Hinweise für das Lernen

Mit diesem modernen Italienischkurs können Sie auf leichte Weise die Sprache von Anfang an lernen oder vorhandene Kenntnisse auffrischen. Das bedeutet für Sie: Sie lernen das Wichtigste, das Sie für die Verständigung mit Italienischsprachigen brauchen; Sie schaffen sich ein solides Fundament, von dem aus Sie Ihre Kenntnisse durch praktischen Gebrauch der Sprache auch ohne Lehrbuch oder Unterricht selbständig erweitern können.

Wichtig für Ihren Lernerfolg ist, daß Sie den italienischen Text am Anfang einer jeden Lektion intensiv sprechen üben. Ideal ist es, wenn Sie dies mit Hilfe der zu diesem Buch erschienenen Toncassette tun. Es empfiehlt sich, den Text zunächst mehrmals nur zu hören. Sobald Ihnen die Aussprache etwas vertraut ist und Sie auch die für das Verständnis wichtigsten neuen Vokabeln im Abschnitt „Neue Wörter und Ausdrücke" nachgeschlagen haben, üben Sie bitte intensiv das Nachsprechen.

In der Toncassette sind die Lektionen 1–6 jeweils zweimal aufgenommen: erstens ohne Pausen und zweitens mit Pausen zum Nachsprechen. Ab Lektion 7 gibt es jeweils nur noch eine Textaufnahme ohne Pausen. Falls Sie einen Cassettenrecorder mit Pausetaste haben, können Sie sich hier die Nachsprechpausen selbst schaffen, indem Sie das Band immer nach einer Wortgruppe stoppen. Falls Sie ein Gerät ohne Pausetaste benutzen, sprechen Sie den Text einfach beim Hören mit.

Falls Ihnen die Toncassette nicht zur Verfügung steht, können Sie die Aussprache auch mit Hilfe der Lautschrift auf den Seiten 137–139 lernen.

Im Lektionsteil „Neue Wörter und Ausdrücke" finden Sie den neuen Wortschatz des Lektionstextes übersetzt. Um Ihnen zu helfen, die Wörter richtig zu gebrauchen, sind sie – wo nötig – nicht einzeln, sondern in kurzen Anwendungsbeispielen erklärt.

Haben Sie die Bedeutung eines bereits in einer früheren Lektion erklärten Wortes vergessen, so können Sie es leicht über das Wortschatzregister (ab Seite 139) wiederfinden. Für den Fall, daß Sie von vornherein mit einem Wörterbuch arbeiten möchten, empfehlen wir Ihnen *Langenscheidts Universal-Wörterbuch Italienisch*, in dem Sie Wörter sowohl italienischdeutsch als auch deutsch-italienisch nachschlagen können. Es verwendet die gleiche Lautschrift wie dieses Buch.

Wenn Sie die Aussprache des italienischen Lektionstextes geübt haben und ihn auch verstehen, können Sie jeweils folgende Übung machen: Sie schreiben den Text – oder einen Teil des Textes – ab und lassen dabei für jedes fünfte Wort eine Lücke. Später nehmen Sie sich den abgeschriebenen Text wieder vor und versuchen, die fehlenden Wörter einzusetzen. Sie können diesen nützlichen Übungstyp auch abwandeln: Wenn Sie jedes sechste Wort auslassen, wird die Übung leichter; wenn Sie jedes vierte auslassen, wird sie schwerer.

Der Abschnitt „Erklärungen" bietet Ihnen leichtverständliche Erläuterungen zum Sprachgebrauch sowie sonstige Informationen, die für Sie von sprachlichem oder landeskundlichem Interesse sind.

Mit Hilfe des Lektionsteils „Übungen" können Sie Ihren Lernerfolg vertiefen und auch testen. Die Lösungen zu den Übungen und auch zu den zahlreichen Rätseln finden Sie im Schlüssel auf den Seiten 128–136. Haben Sie in einer Übung viele Fehler gemacht, so lassen Sie sich dadurch bitte nicht entmutigen. Machen Sie die Übung einfach am nächsten Tag noch einmal!

Noch ein Wort zur Toncassette: Die ersten Texte sind besonders langsam gesprochen; später steigert sich das Tempo, bis eine annähernd normale Sprechgeschwindigkeit erreicht ist. Vor jeder Lektion hören Sie zur Einstimmung etwas Musik aus Italien.

Bevor Sie beginnen, blättern Sie das Buch doch bitte einmal von vorn bis hinten durch, damit Sie einen Eindruck von der Gliederung der Lektionen und vom Materialangebot des Anhangs erhalten. Eine rasche Orientierung ermöglichen Ihnen die Informationen auf der vorderen Umschlag-Innenseite.

Und nun viel Spaß und Erfolg beim Lernen!

Inhaltsverzeichnis

Zur schnellen Orientierung — Umschlagseite 2
Hinweise für das Lernen — Seite 3
Die italienischen Laute in der internationalen Lautschrift — 7

Lektion 1 **Al villaggio turistico** (Präsens von essere; Personalpronomen im Nominativ; Begrüßung und Abschied) — 8

Lektion 2 **Che bella villetta!** (c'è, ci sono; qui – lì; Substantive u. Adjektive auf -o, -a; che + Adjektiv; questo, -a; bestimmter Artikel I) — 14

Lektion 3 **Un invito dopo cena** (Substantive u. Adjektive auf -e, I; unbest. Artikel; Negation; Präsens von avere) — 20

Lektion 4 **In spiaggia** (bestimmter Artikel II; Adjektive auf -e, II; di dov'è, sono di) — 26

Lektion 5 **Al bar dopo cena** (per favore, grazie; essere di; essere + Adjektiv; Substantive u. Adjektive auf -co, -go; Verben auf -are; un po' di) — 32

Lektion 6 **In autobus** (si = man; Verben auf -ere; a + bestimmter Artikel; Substantive auf -ista) — 38

Lektion 7 **Dove andiamo stasera?** (andare a, da, in; Verben auf -ire) — 44

Lektion 8 **Alla stazione FS** (volere; che als Relativpronomen; vorrei; da + bestimmter Artikel; Grundzahlen; die Uhrzeit) — 50

Lektion 9 **Alla fine della giornata** (fare, bere; die Vergangenheit = passato prossimo) — 56

Lektion 10 **Nel negozio di alimentari** (dovere, potere, sapere; in + bestimmter Artikel; da + bestimmter Artikel) — 62

Lektion 11 **Al ristorante** (Dativpronomen; tutti, -e + Artikel; chiedere a; di + bestimmter Artikel; dire, venire) — 68

cinque **5**

Lektion 12	**Una telefonata** (qualche; doppelte Negation; unregelmäßige Vergangenheit; Verben auf -ere; Interrogativpronomen; unregelmäßiger Plural; rimanere)	74
Lektion 13	**Fare spese** (Akkusativpronomen; Akkusativ + Modalverben; ne; quanto costa/costano; Farbadjektive)	80
Lektion 14	**Chiedere un'informazione stradale** (Senta scusi; der Imperativ; Ordnungszahlen 1–6; Ortsangaben)	86
Lektion 15	**Fare una conoscenza al parco** (Reflexivpronomen; reflexive Verben; suo, sua; a venti anni; qualche anno fa)	92
Lektion 16	**Sai guidare la moto?** Possessivpronomen; dare, dai!; salire; Plural amico, amica)	98
Lektion 17	**Una lettera** (Präposition + betontes Personalpronomen; Steigerung des Adjektivs; fra; das Futur)	104
Lektion 18	**All'hotel** (männl. Substantive auf -a; fare + Verb = lassen; verneinter Imperativ; ci penso io; Präsens von uscire)	110
Lektion 19	**Un invito** (Wochentage; Konditional I; un Suo collega)	116
Lektion 20	**L'italiano e i suoi dialetti** (nel + Jahreszahl; das Imperfekt; molto, poco als Adjektive; molto = sehr)	122

Schlüssel zu den Übungen	128
Die ersten 5 Lektionstexte in Lautschrift	137
Wortschatzregister	139

Die italienischen Laute in der internationalen Lautschrift

A. Vokale

		vergleichbare deutsche Laute	
a	[a]	Last	mattino [mat-'ti:no] Morgen
		haben	pane ['pa:ne] Brot
e	[ɛ]	Fenster	vento ['vɛnto] Wind
	[e]	Nebel	fedele [fe'de:le] treu
i	[i]	Spiel	vino ['vi:no] Wein
		finden	bimbo ['bimbo] Kind
	[i̯]	vor a, e, o, u unbetont wie j, betont wie in Siam	più [pi'u] mehr
			via ['vi:a] Straße
o	[o]	Rose	sole ['so:le] Sonne
	[ɔ]	Topf	oggi ['ɔd-dʒi] heute
u	[u]	ruhig	unico ['u:niko] einzig

B. Konsonanten

c, cc	[k]	vor a, o, u und Konsonanten wie deutsches *k*	caro ['ka:ro] teuer ecco ['ɛk-ko] hier ist/sind
ch, cch	[k]	wie deutsches *k*	chilo ['ki:lo] Kilo vecchio ['vɛk-kio] alt
c, cc	[tʃ]	vor e, i, wie *tsch* in *Tscheche*	cinema ['tʃi:nema] Kino Lecce ['let-tʃe] Lecce
ci, cci	[tʃ]	vor a, o, u wie *tsch* in *Matsch*	arancia [a'rantʃa] Orange faccia ['fat-tʃa] Gesicht
g	[g]	vor a, o, u und Konsonanten wie deutsches *g*	gatto ['gat-to] Katze
g, gg	[dʒ]	vor e, i wie *dsch* in *Dschungel*	gelato [dʒe'la:to] Eis leggero [led-'dʒe:ro] leicht
gh	[g]	wie deutsches *g*	funghi ['fuŋgi] Pilze
gi	[dʒ]	vor a, o, u wie in *Dschungel*	già [dʒa] schon
gl	[ʎ]	vor Vokal wie *lj* in *Familie*	meglio ['meʎo] besser
gn	[ɲ]	wie deutsches *nj* in *Champagner*	bagno ['baɲo] Bad
h		ist stumm	hotel [ɔ'tel] Hotel
ng	[ŋ]	wie deutsches *ng* in *lang*	lungo ['luŋgo] lang
sc, sch	[sk]	vor a, o, u wie deutsches *sk* wie *sk* in *riskant*	scuola [sku'ɔ:la] Schule rischio ['riskio] Risiko
sc	[ʃ]	vor e, i wie deutsches *sch*	pesce ['pe:ʃe] Fisch
v	[v]	wie deutsches *w*	venire [ve'ni:re] kommen
z	[ts]	wie *z* in *Weizen*	zucchero ['tsuk-kero] Zucker
	[dz]	wie *d* + weiches *s* bei *Sonne*	zona ['dzo:na] Zone, Gegend

Alle übrigen Konsonanten werden wie im Deutschen ausgesprochen.

Lektion 1

Ankunft im Feriendorf. Die Familie Winkler ist gerade in Otranto eingetroffen, wo sie eine Ferienwohnung gemietet hat. Herr Winkler meldet sich beim Verwalter des Feriendorfes, Herrn Martini.

Am besten lernen Sie mit der Toncassette: Hören Sie zunächst mehrmals die Textfassung ohne Nachsprechpausen. Hören Sie den Text dann noch einige Male in der Textfassung mit Nachsprechpausen, und sprechen Sie das Gehörte jeweils in den Pausen nach.

Al villaggio turistico 1

Winkler: Buongiorno. E' Lei il signor Martini?
Martini: Sì, sono io.
Winkler: Piacere, Rainer Winkler.
Martini: Ah, piacere! Benvenuto! E' qui con la famiglia, vero?
Winkler: Sì, sì, siamo tutti qui.
Martini: Bene, venite, vi faccio vedere la casa. Prego, di qui. Siete qui a Otranto per la prima volta?
Winkler: A Otranto sì, ma in Italia no.
Martini: Ah, bene, bene ...

Neue Wörter und Ausdrücke

In diesem Teil der Lektion finden Sie jeweils die neuen Wörter der Reihe nach aufgelistet. Am besten lernen Sie sie, wenn Sie zunächst die rechte Spalte, dann die linke Spalte abdecken und sich dabei stets nach der richtigen Entsprechung fragen. Überprüfen Sie dann nach Herunterschieben des Abdeckblattes, ob Ihre Übersetzung richtig war. Diesen Vorgang werden Sie einige Male wiederholen müssen, aber es lohnt sich!

al villaggio turistico	im Urlaubs-, Feriendorf
buongiorno	guten Tag
è Lei	sind Sie
il signor Martini	Herr Martini
sì	ja
sono io	(der) bin ich
piacere	angenehm, sehr erfreut
benvenuto, -a	willkommen
è (Lei)	sind Sie
qui	hier
con	mit
la famiglia	die Familie

nove 9

1

vero?	*hier:* nicht wahr?
siamo	wir sind
tutti	alle
bene	gut
venite	kommen Sie (*Mehrzahl*)
vi faccio vedere	ich zeige Ihnen
faccio	ich mache
vedere	sehen
la casa	das Haus
prego	bitte
di qui	hier entlang
siete	Sie sind (*Mehrzahl*)
a Otranto	in Otranto
per la prima volta	zum ersten Mal
per	für
ma	aber
in Italia	in Italien
no	nein

Erklärungen

1. *Buongiorno* bedeutet *Guten Tag* oder *Guten Morgen*. Beim Verabschieden sagen die Italiener *Arrivederci*. Bei der Begrüßung von Bekannten, mit denen sie per Du sind, verwenden sie *Ciao* sowohl zur Begrüßung als auch beim Abschied. Wenn Ihnen jemand vorgestellt wird, erwidern Sie „*piacere*" und nennen Ihren Namen.

2.

io sono	*ich bin*	noi siamo	*wir sind*
tu sei	*du bist*	voi siete	*ihr seid / Sie sind*
lui / lei è	*er/sie ist*	loro sono	*sie sind*
Lei è	*Sie sind*		

3. Normalerweise benutzt man *io, tu, lui/lei, noi* usw. nicht. Nur wenn im Gespräch Unklarheiten auftreten könnten oder eine Person hervorgehoben werden soll, verwendet man die persönlichen Fürwörter.

E' **Lei** il signor Martini?	*Sind Sie Herr Martini?*
Sì, sono **io**.	*Ja, (der) bin ich.*
E' qui con la famiglia?	*Sind Sie hier mit der Familie?*
Si, sono qui con la famiglia.	*Ja, ich bin hier mit der Familie.*

4. *Lei è* bedeutet im Italienischen sowohl *sie ist* als auch *Sie sind*, wenn man eine Person anspricht, die man siezt. *Voi siete* bedeutet sowohl *ihr seid* als auch *Sie sind*, wenn man mehrere Personen anspricht.

E' Lei il signor Martini?	*Sind Sie Herr Martini?*
Lui è italiano, lei è tedesca.	*Er ist Italiener, sie ist Deutsche.*
Siete qui per la prima volta?	*Sind Sie hier zum ersten Mal?*

5. Siete qui per la prima volta?

A Otranto sì, **in** Italia no.   *In Otranto ja, in Italien nein.*

Dem deutschen *in* bei Ortsangaben entspricht im Italienischen *a* vor Städtenamen, *in* bei Staaten oder Regionen: **a** Roma, **a** Venezia, **a** Firenze (*in Rom, in Venedig, in Florenz*); **in** Germania, **in** Francia, **in** Inghilterra (*in Deutschland, in Frankreich, in England*).

Übungen

Versuchen Sie, die Übungsaufgaben zu lösen; der Text „Al villaggio turistico" hilft Ihnen dabei. Vergleichen Sie anschließend mit dem Lösungsschlüssel auf S. 128. Vielleicht notieren Sie sich, welche Fehler Sie gemacht haben und prägen sich die richtigen Versionen ein.

1. Setzen Sie je eines der eingerahmten Wörter ein, und übersetzen Sie anschließend die Sätze:

> è, siamo, siete, sono

a. ..è.. Lei il signor Martini?   b. Sì, sono io.   c. Piacere. sono Rainer Winkler.   d. siete / è qui con la famiglia, vero?

undici **11**

e. Si, *siamo* tutti qui.   f. *Siete* a Otranto per la prima volta?
g. Sì, *siamo* a Otranto per la prima volta.

2. Setzen Sie die eingerahmten Wörter ein, und übersetzen Sie die Sätze:

> a, con, di, in, per

a. E' qui *con* la famiglia?   b. Sì, siamo tutti *a* Otranto.
c. Siamo *in* Italia *per* la prima volta.   d. Venite, prego, *di* qui.

Parole incrociate

Lösen Sie gern Kreuzworträtsel? Mit unseren *parole incrociate* (la parola *das Wort*; la croce *das Kreuz*) können Sie den Wortschatz dieser Lektion wiederholen. *Buon divertimento!* (= *Viel Spaß!*)

Orizzontali (Waagerecht)
2 Ah, piacere! .....! • 6 *Piacere*, Rainer Winkler! • 7 Buon .....
• 8 Ah, ..., bene ...

Crossword solution:
- 2 across: BENVENUTO
- 6 across: PIACERE
- 7 across: GIORNO
- 8 across: BENE
- 1 down: DOIT (?)
- 2 down: BUON
- 3 down: VOLTA
- 4 down: PRG...
- 5 down: VENITE

Verticali (Senkrecht)
1 E' ..... con la famiglia? • 2 ..... giorno. • 3 Siete qui a Otranto per la prima .....? • 4 ....., di qui. • 5 ....., vi faccio vedere la casa. • 6 Siete qui a Otranto per la ..... volta?

Lektion 2

Herr Martini zeigt der Familie Winkler ihr künftiges Ferienhaus. Eine *Villetta* (= *kleine Villa*) ist ein Einfamilienhäuschen auf dem Land, am Meer, im Gebirge, in jedem Fall in einer Gegend außerhalb der Stadt, die sich zum Urlaubmachen eignet.

Am besten üben Sie den Text wieder mit der Toncassette: Hören Sie zuerst einige Male die Textfassung ohne Nachsprechpausen, sodann mehrmals die Fassung mit Nachsprechpausen und versuchen Sie, das Gehörte in den Pausen nachzusprechen.

Che bella villetta! 2

Martini: Ecco, questa è la villetta per voi. Entrate!
Signora Winkler: Che carina!
Martini: Qui c'è la cucina ... Lì c'è il bagno.
Signora: E lì che cosa c'è?
Martini: Lì ci sono le camere da letto per Voi e per i bambini; questo è il soggiorno e lì c'è la terrazza.
Signora: Ah, è proprio bella. Mi piace molto.
Martini: E' tutto in ordine?
Signora: Sì, grazie, c'è proprio tutto.
Martini: Allora buone vacanze.

Neue Wörter und Ausdrücke

Bevor Sie sich an das Lernen der Vokabeln machen (das „Rezept" dafür finden Sie auf Seite 9), sollten Sie die hier aufgeführten neuen Wörter zunächst einmal laut lesen, nachdem Sie den Lektionstext auf der Toncassette einige Male gehört und nachgesprochen haben.
Wenn Ihnen die Aussprache eines Wortes nicht mehr genau in Erinnerung ist, finden Sie zusätzlich zur Cassette noch Unterstützung durch die Lautschrift (für die Lektionen 1–5 ab Seite 137.)

che bella villetta	was für ein schönes Ferienhaus
ecco	hier (ist/sind)
questa	diese
la villetta	das Ferienhaus
per voi	für Sie
entrate	treten Sie ein
la signora	die Frau
che carina *(weibl.)*	wie hübsch
carino, -a	hübsch
c'è	es gibt

la cucina	die Küche
lì	dort
il bagno	das Bad
e	und
che cosa?	was?
la cosa	die Sache, das Ding
ci sono	es sind / es gibt
le camere da letto	die Schlafzimmer
il letto	das Bett
per i bambini	für die Kinder
questo	dieser, -s
il soggiorno	das Wohnzimmer
la terrazza	die Terrasse
proprio	wirklich
bello, -a	schön
mi piace	es gefällt mir
molto	sehr
tutto	alles
in ordine	in Ordnung
grazie	dankeschön
c'è tutto	es ist alles da
allora	also
buone vacanze	schöne Ferien
le vacanze	die Ferien

Erklärungen

1. *C'è – ci sono* (= *da ist, da sind* in der Bedeutung von *es gibt, es befindet sich*) benutzt man je nachdem, ob man von einer oder mehreren Sachen spricht. *C'è* entsteht aus *ci è* (ci = da), wobei das *i* wegfällt.

Qui *c'è* la cucina, lì *ci sono* le camere da letto.   *Hier ist die Küche, dort sind die Schlafzimmer.*

Haben Sie bemerkt? *Qui* heißt hier, *lì* heißt dort.

2. Der bestimmte Artikel lautet *il* für männliche, *la* für weibliche Hauptwörter, in der Mehrzahl *i* bzw. *le*:

il bambino	*das Kind*	**i** bambini	*die Kinder*
il bagno	*das Bad*	**i** bagni	*die Bäder*
il soggiorno	*das Wohnzimmer*	**i** soggiorni	*die Wohnzimmer*
la cucina	*die Küche*	**le** cucine	*die Küchen*
la camera	*das Zimmer*	**le** camere	*die Zimmer*

Hauptwörter auf *-o* sind meistens männlich und bilden die Mehrzahl auf *-i*; Hauptwörter auf *-a* sind meistens weiblich und bilden die Mehrzahl auf *-e*.

3. Auch die Eigenschaftswörter folgen dieser Regel:

bell**o**, bell**a**	*schön*	bell**i**, bell**e**
carin**o**, carin**a**	*hübsch, niedlich*	carin**i**, carin**e**

4. **che** in Verbindung mit Eigenschaftswörtern wie *bello, -a, carino, -a* entspricht dem deutschen *wie* oder *was für ein*:

Che bella villetta!   *Was für ein schönes Ferienhaus!*

Che carina!   *Wie hübsch!*

che zusammen mit dem Wort *cosa* (*la cosa = das Ding, die Sache*) bedeutet *was*:

Che cosa c'è lì?   *Was gibt es dort?*

5. *questo, questa = dieser, -s; diese*:

quest**o** è il soggiorno	*dies ist das Wohnzimmer*
quest**a** è la cucina	*dies ist die Küche*
quest**e** sono le camere da letto	*dies sind die Schlafzimmer*
quest**i** sono i bambini	*dies sind die Kinder*

6. *proprio = wirklich, gerade* ist ein „Füllwort", das im Italienischen häufig verwendet wird, um eine Aussage zu verstärken.

7. *tutti* (*alle*) haben Sie in Verbindung *noi tutti* schon kennengelernt. *tutto* heißt *alles*; die weiblichen Formen sind *tutta*, Mehrzahl: *tutte* (*alle*).

2 Übungen

Sollten Sie mit den Übungsaufgaben nicht sofort zurechtkommen, schauen Sie sich einfach den Stoff der beiden ersten Lektionen noch einmal an. Natürlich können Sie die Übungen mündlich oder schriftlich machen, am besten beides. Vergleichen Sie anschließend Ihre Lösungen mit dem Schlüssel auf S. 128. Notieren Sie sich, wo und wie Sie daneben getippt haben, und prägen Sie sich die richtigen Versionen ein.

1. Setzen Sie *c'è* oder *ci sono* ein:
a. Ecco, qui *c'è* la cucina, lì *c'è* il bagno.
b. Che cosa *c'è* lì?
c. Lì *ci sono* le camere da letto per Voi e per i bambini.
d. Lì *c'è* la terrazza.
e. E' tutto in ordine? Sì, grazie, ... tutto.

2. Bilden Sie die Mehrzahl: *le camere   i bagni*
a. la villetta – *le villette*; b. la camera ..... ; c. il bagno ..... ; d. il soggiorno ..... ; e. la casa ..... ; f. la terrazza ..... ; g. il giorno *i giorni   le case   le terrazze   i soggiorni*

3. Setzen Sie je eines der eingerahmten Wörter ein, und übersetzen Sie die Sätze:

che, che cosa, ci sono, mi piace, proprio, questa, tutto

a. Ecco, *questa* ..... è la villetta per Voi.
b. *Che* carina!
c. E lì *cosa* c'è?
d. *Ci sono* le camere da letto.
e. E' ..... bella! ..... molto. *proprio, mi piace*
f. E' *tutto* in ordine?
g. Sì, sì, grazie. C'è .....

18 *diciotto*

4. Dies ist das Ferienhaus der Familie Winkler im Grundriß. Tragen Sie die Namen der verschiedenen Räume ein:

Nr. 1 è *il soggiorno*   Nr. 4 è *la cucina*
Nr. 2 è *la camera per noi*   Nr. 5 è *il bagno*
Nr. 3 è *la cameretta per i bambini*   Nr. 6 è *la terrazza*

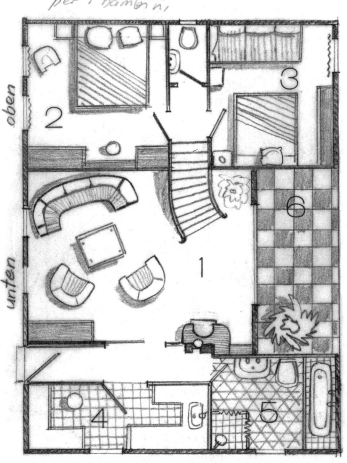

Lektion 3

Nach dem Abendessen sind die Winklers bei ihren Nachbarn, Herrn und Frau Lolli, eingeladen. In Italien ist es äußerst ungewöhnlich, am Nachmittag Gäste zum Kaffee oder Tee einzuladen. Viel lieber lädt man sie am Abend nach dem Essen zu einem Drink (*liquore* ist nicht nur ein süßer Likör, sondern Hochprozentiges im allgemeinen) oder zu einem Espresso ein. Wein wird relativ selten angeboten, da man ihn entweder als Aperitif vor dem Essen oder zum Essen trinkt.

Denken Sie an die in Lektion 1 und 2 empfohlene Arbeitsweise mit der Toncassette:
Zuerst hören Sie mehrmals die Textfassung ohne Nachsprechpausen, dann noch einige Male die Fassung mit Nachsprechpausen – und in den Pausen sprechen Sie nach, was Sie gehört haben.

Un invito dopo cena 3

Signor Lolli: Buonasera. Questa è mia moglie.

Signora Lolli: Piacere, Caterina Lolli.

Signor Winkler: Piacere, Rainer Winkler. Questa è mia moglie Ursula, questo è mio figlio Daniel e questa mia figlia Franziska.

Daniel, Franziska: Piacere.

Signor Lolli: Entrate. Prego, accomodatevi.

Signora Lolli: Avete sete? Che cosa desiderate? Abbiamo una grappa, un liquore . . .

Signor Lolli: Eh, ma per i ragazzi non hai bibite, una limonata o un'aranciata, una Coca Cola? Ragazzi, allora, che cosa desiderate?

Daniel: Grazie, ma io non ho sete.

Franziska: Un'aranciata, grazie.

Signora Lolli: E Lei, Signora?

Signora Winkler: Un'acqua minerale, grazie. Non bevo alcool.

Signor Winkler: Io invece accetto la grappa.

Neue Wörter und Ausdrücke

Inzwischen haben Sie vielleicht schon Routine im Lernen der Vokabeln. Nachdem Sie den Text einige Male auf der Cassette gehört und nachgesprochen haben, lesen Sie die neuen Wörter am besten zunächst einmal laut und lernen sie dann konsequent, wobei Sie erst die rechte, dann die linke Spalte abdecken. Wichtig ist die Kontrolle der von Ihnen gefundenen Übersetzung durch Herunterschieben des Abdeckblattes (vgl. S. 9).

un invito	eine Einladung
dopo cena	nach dem Abendessen
la cena	das Abendessen

3

buonasera	guten Abend
mia moglie	meine Frau
mio figlio	mein Sohn
mia figlia	meine Tochter
accomodatevi	nehmen Sie (*Mehrz.*) Platz
avete sete?	haben Sie (*Mehrz.*) Durst?
la sete	der Durst
che cosa desiderate?	was möchten Sie?
abbiamo	wir haben
la grappa	der Grappa
un liquore	ein(en) Schnaps, Likör
i ragazzi	die Jugendlichen
non	nicht
non hai bibite	hast du keine Getränke
una limonata	eine Limonade
o	oder
un'aranciata	ein(en) Orangensaft
una Coca Cola	eine Coca Cola
non ho sete	ich habe keinen Durst
un'acqua minerale	ein Mineralwasser
per favore	bitte
non bevo alcool	ich trinke keinen Alkohol
invece	dagegen, anstatt
accetto	ich nehme (an), ich akzeptiere

Erklärungen

1. il signore *der Herr*   i signori *die Herren*
   il liquore *der Schnaps*   i liquori *die Schnäpse*
   la moglie *die Ehefrau*   le mogli *die Ehefrauen*
   la sete *der Durst*

Eine Reihe männlicher und weiblicher Hauptwörter endet auf **-e** in der Einzahl, auf **-i** in der Mehrzahl. Auch viele Eigenschaftswörter folgen dieser Regel.

un'acqua mineral**e**   *ein Mineralwasser*

Folgt auf *signore* ein Name, so entfällt das auslautende *-e*:

il signor Winkler   *Herr Winkler*
il signor Lolli   *Herr Lolli*

2. *un, una, un'* = *ein, eine*

un signore	*ein Herr*	una moglie	*eine Ehefrau*
un ragazzo	*ein Junge*	un'aranciata	*ein Orangensaft*
una limonata	*eine Limonade*	un'acqua minerale	*ein Mineralwasser*

Aus *una* wird *un'*, wenn es vor einem Wort steht, das mit einem Selbstlaut (*a, e, i, o, u*) beginnt:
un'acqua, un'aranciata.

3. *i ragazzi* steht sowohl für „*die Jugendlichen*" als auch für „*der Junge und das Mädchen*" oder „*die Jungen und die Mädchen*". Im allgemeinen verwendet man die männliche Mehrzahl, wenn man von einer gemischten Gruppe spricht. In der Einzahl haben *ragazzo* und *ragazza* inzwischen unter Jugendlichen die Bedeutung von „*fester Freund*" bzw. „*feste Freundin*".

4. *Non* heißt *nicht, kein* und steht immer vor dem Verb (Tätigkeitswort):

La casa non mi piace.	*Das Haus gefällt mir nicht.*
Questa non è mia moglie.	*Dies ist nicht meine Frau.*
Non ho sete.	*Ich habe keinen Durst.*
Non abbiamo bibite.	*Wir haben keine Getränke.*

5.
(io) ho	*ich habe*	(noi) abbiamo	*wir haben*
(tu) hai	*du hast*	(voi) avete	*ihr habt / Sie haben*
(lui / lei) ha	*er / sie hat*		
(Lei) ha	*Sie haben*	(loro) hanno	*sie haben*

6. *grazie* bedeutet sowohl *danke, nein* als auch *ja, bitte*.

Che cosa desiderate?	*Was wünschen Sie?*
Un'aranciata, **grazie**.	*Einen Orangensaft, bitte.*
Grazie, non ho sete.	*Danke, ich habe keinen Durst.*

3 Übungen

Sie wissen doch: Wenn Sie mal nicht weiterkommen, schauen Sie sich den Stoff der Lektion noch einmal an. Das Kreuzworträtsel hat es schon ganz schön in sich, aber es macht doch sonst gar keinen Spaß, oder? Das „Aha-Erlebnis" beim Vergleichen mit dem Schlüssel hilft Ihnen sprachlich weiter.

1. Setzen Sie die eingerahmten Wörter ein, und übersetzen Sie die Sätze:

> abbiamo, avete, ha, hai, hanno, ho

a. Ragazzi, *avete* sete?
b. *Ho* aranciata, Coca Cola, limonata . *abbiamo*
c. No, grazie, io non *ho* sete.
d. Io, invece *ho* sete.
e. Lei, signora, non *ha* sete?
f. Mia moglie e io ..... whisky, grappa . *abbiamo*
g. Caterina, non *hai* un'acqua minerale per la signora Winkler?

2. Ergänzen Sie den passenden Artikel *il, la* (Einzahl) oder *i, le* (Mehrzahl):

a. *la* camera da letto
b. *il* bagno
c. *il* signor Winkler
d. *la* signora
e. *i* ragazzi
f. *la* grappa
g. *le* vacanze
h. *il* sete
i. *le* camere
l. *il* moglie

3. Setzen Sie *un, una* oder *un'* ein:
Che cosa desiderate? Io *una* grappa, mia moglie *un'* acqua minerale, Franziska *un'* aranciata. E per Lei? *un* liquore.

24 *ventiquattro*

Parole incrociate 3

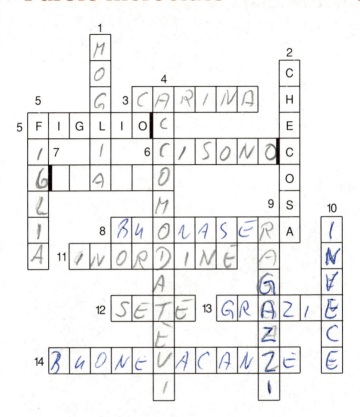

Orizzontali
3 Questa è la villetta: che .....! • 5 Questo è mio ..... Daniel.
• 6 Lì ..... le camere da letto. • 7 ..... è il soggiorno. • 8 .....
Questa è mia moglie. • 11 E' tutto .....? • 12 Avete sete? •
13 Un'aranciata, ... • 14 Allora, ...!

Verticali
1 Questa è mia ..... Ursula. • 2 ....desiderate? •
4 Entrate, prego, ...! • Questa è mia ..... Franziska. • 9 Eh,
ma per i ..... non hai bibite? • 10 Io ..... accetto la grappa.

Lektion 4

In Italien gibt es kaum noch Strände, die frei zugänglich sind. Sie werden von der Gemeinde an Privatleute verpachtet, die sie pflegen und Sonnenschirme und Liegestühle vermieten. Badekabinen können einzeln gemietet werden, es gibt aber auch Umkleideräume, die dem Publikum frei zur Verfügung stehen. Es ist zu empfehlen, sich dort und nicht vor aller Augen umzuziehen, denn vom italienischen Strandpublikum wird das gar nicht gern gesehen. Frau Winkler wendet sich deshalb an den *bagnino*, den Bademeister, der gleich ein Gespräch mit ihr beginnt.

Erarbeiten Sie den Text zunächst wieder mündlich wie in den ersten drei Lektionen. Lernen Sie die Vokabeln, und machen Sie vielleicht einmal eine wörtliche Übersetzung des Textes, schriftlich oder mündlich.

In spiaggia 4

Signora Winkler: Scusi, dov'è la cabina?

Bagnino: E' l'ultima a sinistra, quella verde e rossa. Lei è nuova qui, vero?

Signora Winkler: Sì, sono qui da ieri.

Bagnino: Ma Lei non è italiana; di dov'è?

Signora Winkler: Sono di Kassel.

Bagnino: Ah, interessante! Quest'anno gli ospiti sono proprio internazionali! C'è anche una famiglia francese di Parigi e uno studente austriaco di Vienna. Venga, Le faccio vedere dov'è la cabina.

Signora Winkler: Grazie, molto gentile.

Bagnino: Lei parla bene l'italiano! Ecco, questa è la cabina. C'è anche lo specchio, è un po' piccolo, ma . . .

Neue Wörter und Ausdrücke

in spiaggia	am Strand
la spiaggia	der Strand
scusi	entschuldigen Sie
dov'è	wo ist
dove	wo
la cabina	die Umkleidekabine
il bagnino	der Bademeister
l'ultima	die letzte
a sinistra	links
quella	jene
verde	grün
rosso, -a	rot
nuovo, -a	neu
da	*hier:* seit
ieri	gestern
ma	aber
italiano, -a	Italiener/in
di dov'è?	woher sind Sie?

sono di Kassel	ich bin aus Kassel
interessante	interessant
quest'anno	dieses Jahr
l'anno	das Jahr
gli ospiti	die Gäste
internazionale	international
anche	auch
francese	französisch
di Parigi	aus Paris
uno studente	ein Student
austriaco, -a	Österreicher, österreichisch
di Vienna	aus Wien
venga	kommen Sie
molto gentile	sehr freundlich
Lei parla	Sie sprechen
(l')italiano	italienisch
lo specchio	der Spiegel
un po' (un poco)	ein bißchen
piccolo, -a	klein

Erklärungen

1. Beginnt das Hauptwort mit einem der Selbstlaute *a, e, i, o* oder *u*, so lautet der bestimmte Artikel in der Einzahl *l'*:

l'italiano	*der Italiener / (das) Italienisch(e)*
l'italiana	*die Italienerin*
l'austriaco	*der Österreicher*
l'aranciata	*der Orangensaft*
l'ospite	*der Gast*

Beginnt ein männliches Hauptwort mit *s + Konsonant (Mitlaut)*, so lautet der bestimmte Artikel in der Einzahl *lo*:

lo studente	*der Student*
lo specchio	*der Spiegel*

2. In den obigen Fällen lautet der bestimmte Artikel in der Mehrzahl *gli* für die männlichen Hauptwörter, *le* für die weiblichen:

gli italiani	*die Italiener*	**le** italiane	*die Italienerinnen*
gli ospiti	*die Gäste*	**le** aranciate	*die Orangensäfte*
gli studenti	*die Studenten*	**le** spiagge	*die Strände*

3. Vor männlichen Hauptwörtern, die mit *s + Konsonant* beginnen, wird aus *un (ein) = uno:*

uno studente	*ein Student*
uno specchio	*ein Spiegel*

4. Eigenschaftswörter auf *-e* enden in der Mehrzahl auf *-i*, ganz gleich ob sie sich auf männliche oder weibliche Hauptwörter beziehen:

il bagno verd**e** e rosso	*das grüne und rote Bad*
i bagni verd**i** e rossi	*die grünen und roten Bäder*
la cabina verd**e** e rossa	*die grüne und rote Badekabine*
le cabine verd**i** e rosse	*die grünen und roten Badekabinen*
Questo signore è gentil**e** ma anche quella signora è molto gentil**e**.	*Dieser Herr ist freundlich, aber auch jene Dame dort ist sehr nett.*

5. Achten Sie darauf, daß sich Eigenschaftswörter generell in Zahl und Geschlecht nach dem Hauptwort richten, auf das sie sich beziehen:

L'ultima cabina è piccol**a**.	*Die letzte Kabine ist klein.*
La signora Winkler è nuov**a** qui.	*Frau Winkler ist neu hier.*
Il bagnino è gentil**e**.	*Der Bademeister ist nett.*
Gli ospiti sono internazional**i**.	*Die Gäste sind international.*

6. dove = wo

Dov'è la cabina?	Wo ist die Badekabine?
Dove sono le cabine?	Wo sind die Badekabinen?

7. Di dove = woher (von wo)

Di dov'è?	Woher sind Sie / ist er, sie?
Sono di Kassel.	Ich bin aus Kassel.
Di dove siete?	Woher sind Sie / seid ihr?
Siamo di Roma.	Wir sind aus Rom.

Gallipoli

Übungen

Verwenden Sie genügend Zeit und Sorgfalt auf die Übungen; sie tragen entscheidend zur Festigung des Lernstoffes bei. Vergessen Sie nicht, Ihre Lösungen mit dem Schlüssel auf S. 128 zu vergleichen und sich ggf. die richtigen Sätze zu notieren.

1. Setzen Sie die fehlenden Wörter ein:
a. La cabina è l'..... a sinistra.
b. Quella ..... e ....
c. Lei è ..... qui, vero?
d. Lei non è ....
e. Ah, ... ! Gli ospiti sono ....
f. C'è anche una famiglia ..... di Parigi e uno studente ..... di Vienna.
g. Grazie, molto ....

2. Ergänzen Sie *il, la, lo* oder *l'*:
a. ..... bagno; b. ..... camera da letto; c. ..... ospite; d. ..... studente; e. ..... signora; f. ..... casa; g. ..... signore; h. ..... italiana; i. ..... aranciata; l. ..... grappa; m. ..... bagnino; n. ..... italiano

3. Setzen Sie die Wörter aus der Übung 2 in die Mehrzahl:
a. i bagni; b. ..... *usw.*

4. Setzen Sie folgende Sätze in die Mehrzahl:
a. La cabina è rossa; b. Il bagno è piccolo; c. La casa è carina; d. La famiglia è francese; e. Il bagnino è gentile; f. La signora è nuova qui; g. Lo studente è italiano; h. Io sono italiano; i. Io sono nuova qui.

5. Bilden Sie Fragen und Antworten nach dem Muster:
Di dove – Lei – Kassel: – *Di dov'è Lei? Sono di Kassel.*
a. Di dove – tu – Roma:
b. Di dove – voi – Milano:
c. Di dove – i signori Winkler – Kassel:
d. Di dove – la famiglia francese – Parigi:
e. Di dove – lo studente austriaco – Vienna:

Lektion 5

In Italien ist *caffè* gleich Espresso, wobei es verschiedene Varianten gibt, wie Sie aus dem Text erfahren. Kaffee wie in Deutschland ist selten zu finden (meist in „eingedeutschten" Urlaubsorten). Der eigentliche Unterschied liegt nicht in der Wassermenge, sondern in der Röstung des Kaffees, die in Italien bei höherer Temperatur erfolgt. Dadurch bekommt der Kaffee einen bitteren Geschmack, verliert aber einen höheren Anteil an Koffein und ist daher gesundheitsschonender als deutscher Kaffee.

Üben Sie den folgenden Text wieder auf die gewohnte Weise: Hören Sie ihn erst mehrmals ohne Nachsprechpausen und dann in der Fassung mit Nachsprechpausen; sprechen Sie in den Pausen nach, was Sie gehört haben. Lernen Sie die Vokabeln, und machen Sie vielleicht wieder eine wörtliche Übersetzung des Textes. Wenn Sie dann die Erklärungen angeschaut haben, können Sie den Text abschreiben und für jedes fünfte Wort eine Lücke lassen, die Sie später aus dem Gedächtnis ausfüllen. Sie ahnen nicht, was das für eine nützliche Übung ist!

Al bar dopo cena 5

Cameriere: Signore, desidera?

Winkler: Un cappuccino, per favore!

Un cliente: Lei è straniero, vero?

Winkler: Sì, sono tedesco, perché?

Cameriere: Solo gli stranieri bevono il cappuccino dopo i pasti!

Winkler: E gli italiani, che cosa prendono?

Cameriere: Bè, noi ordiniamo un caffè ristretto, se siamo stanchi, altrimenti prendiamo un espresso o un caffè lungo, cioè un caffè con più acqua. Chi desidera un caffè meno forte prende un caffè macchiato, cioè con un po' di latte. Per digerire invece c'è il caffè corretto con un po' di grappa.

Winkler: Ah, capisco. E il cappuccino, allora?

Cameriere: Bè, il cappuccino è per la colazione!

Neue Wörter und Ausdrücke

Bitte nicht nachlassen beim Vokabellernen; mit der „richtigen Methode" (vgl. unsere Hinweise in den Lektionen 1–3) geht es wahrscheinlich am schnellsten!

al bar	an der Bar
il bar	die Bar
il cameriere	der Kellner
un cappuccino	ein Cappuccino
per favore	bitte
un cliente	ein Kunde
straniero, -a	Ausländer, -in
sono tedesco, -a	ich bin Deutsche(r)
perché	warum; weil
solo	nur
bevono	(sie) trinken

dopo	nach
i pasti	die Mahlzeiten
prendono	(sie) nehmen
bè	nun
noi ordiniamo	wir bestellen
un caffè ristretto	ein kleiner Kaffee
se	wenn
siamo stanchi	wir sind müde
altrimenti	sonst
prendiamo	wir nehmen
un caffè lungo	einen verlängerten Kaffee
cioè	das heißt
più	mehr
l'acqua (*weibl.*)	das Wasser
chi	wer
meno	weniger
forte	stark
prende	(er, sie) nimmt
un caffè macchiato	einen „gefleckten" Kaffee
un po' di latte	etwas Milch
il latte	die Milch
per digerire	um zu verdauen
il caffè corretto	Kaffee mit Schuß
capisco	ich verstehe
la colazione	das Frühstück

Erklärungen

1. Desidera un'aranciata? *Möchten Sie einen Orangensaft?*
   Sì, grazie. *Ja, bitte.*
   Che cosa desidera? *Was möchten Sie?*
   Un cappuccino, per favore. *Einen Cappuccino, bitte.*

Benutzen Sie *per favore*, wenn Sie etwas verlangen!

2. Sono tedesco *ich bin Deutscher / aus Deutschland*
   Sono tedesca *ich bin Deutsche / aus Deutschland*

| siamo tedeschi | *wir sind Deutsche / aus Deutschland* |
| siamo tedesche | *wir sind Deutsche / aus Deutschland* |

Beachten Sie: Man sagt bei einer Stadt *sono* **di** *Kassel = ich bin aus Kassel;* bei der Angabe der Staatsangehörigkeit, d. h. des Herkunftslandes dagegen sagt man *sono tedesco, -a* und **nicht etwa:** sono di Germania!

3. Vor den Endungen *-co, -ca* und *-go, -ga* wird in der Mehrzahl häufig ein **h** eingeschoben, damit die „k"- bzw. „g"-Aussprache erhalten bleibt:

tedesco – tedesca	*deutsch*	tedes**ch**i [-k-] – tedes**ch**e [-k-]
stanco – stanca	*müde*	stan**ch**i [-k-] – stan**ch**e [-k-]
lungo – lunga	*lang*	lun**gh**i [-g-] – lun**gh**e [-g-]

4. Im Italienischen lassen sich die verschiedenen Klassen der Verben an der Grundform erkennen. Merken Sie sich also die Grundform, um die gewünschte Verbform richtig bilden zu können. Wie im Deutschen sind die Verbformen in den verschiedenen Personen (ich, du, er, wir usw.) jeweils an der Endung zu erkennen.

Hier wollen wir Ihnen die erste Verbklasse vorstellen. Sie sind schon einigen Verben dieser Klasse begegnet:

Desidera?	*Sie wünschen?*
Io *accetto* una grappa.	*Ich nehme einen Grappa an.*
Lei *parla* bene l'italiano!	*Sie sprechen gut Italienisch!*
Entrate!	*Treten Sie ein!*
Noi *ordiniamo* un caffè ristretto.	*Wir bestellen einen kleinen Kaffee.*

Die Grundform dieser Verben endet jeweils auf *-are:*

deside**rare**	*wünschen*	ent**rare**	*eintreten, hereinkommen*
accet**tare**	*annehmen*		
par**lare**	*sprechen*	ordi**nare**	*bestellen*

trentacinque **35**

5 Die Formen der Gegenwart lauten:

parl-are *sprechen*	
(io) parl-o	*ich spreche*
(tu) parl-i	*du sprichst*
(lui / lei) parl-a	*er / sie spricht*
(Lei) parl-a	*Sie sprechen*
(noi) parl-iamo	*wir sprechen*
(voi) parl-ate	*ihr sprecht / Sie sprechen*
(loro) parl-ano	*sie sprechen*

Dieses Endungsschema gilt für fast alle Verben der *-are*-Klasse.

5. *un poco* oder *un po'* = *ein wenig, etwas*

un po' **di** latte	etwas (*ein bißchen*) Milch
un po' **di** grappa	etwas (*ein wenig*) Grappa

Hier bedeutet **di** *(von)* = *etwas (von der) Milch, etwas (vom) Grappa*.

Übungen

1. Setzen Sie die fehlenden Wörter ein:
a. Lei è ....., vero?
b. Sì, sono ....., perché?
c. Solo ..... bevono il cappuccino dopo ..... .
d. Noi ordiniamo un caffè ristretto ..... siamo ..... .
e. ..... desidera un caffè ..... forte ordina un caffè macchiato.
f. Per digerire ..... c'è il caffè corretto con ..... grappa.

2. Bilden Sie Fragen und Antworten mit Hilfe des Verbs *desiderare*:
a. Che cosa (tu) .....?   (io) ..... un caffè.
b. Che cosa (voi) .....?   (noi) ..... un'aranciata.
c. Che cosa (Lei) .....?   (io) ..... una grappa.
d. Che cosa (lui) .....?   (lui) ..... un'acqua minerale.

3. Wiederholen Sie die Übung mit Hilfe von *ordinare*.

4. Übersetzen Sie:
Haben Sie Durst? Was wünschen Sie? Ich bin Herr Winkler aus Kassel. Sehr erfreut. Sind Sie mit der Familie hier? Ja, dies(e) ist meine Frau Ursula und dies(er) ist mein Sohn Daniel. Woher sind Sie? Ich bin aus Deutschland. Sind Sie zum ersten Mal hier? In Otranto ja, in Italien nein. Wo ist die Umkleidekabine? Dort, links. Danke, sehr nett (von Ihnen).

Alfabetomatto

(Verrücktes Alphabet)

Schaffen Sie es, die hier versteckten Wörter zu finden? 12 sind waagerecht und 7 senkrecht.

Lektion 6

Daß man Fahrkarten nicht im Bus oder am Automaten an der Haltestelle kaufen kann, sondern in Tabakwarengeschäften und häufig in Bars, überrascht Daniel Winkler sehr. Er hat aber Glück, daß manche Fahrgäste vorsorglich ein paar Fahrkarten mehr bei sich haben, um sie notfalls an andere Fahrgäste, die sich nicht auskennen, weiterzuverkaufen. Sollten Sie daher einmal in eine solche Lage geraten, scheuen Sie sich nicht, andere Fahrgäste um Hilfe zu bitten; vielleicht haben Sie Glück!

Taranto

Auch diesen Text sollten Sie wieder üben wie bisher: Mehrmaliges Hören ohne Nachsprechpausen, dann bei der Fassung mit Nachsprechpausen das Nachsprechen üben. Lernen Sie immer die Vokabeln, und schauen Sie stets auch die Erklärungen an, bis Ihnen alles klar geworden ist. Am besten, Sie machen wieder einen Lückentest wie in Lektion 5. Viel Spaß!

In autobus 6

Daniel Winkler: Un biglietto per il centro per favore!

Autista: Ma il biglietto si compra a terra! Non lo sa?

Daniel Winkler: Dove? Alla fermata non c'è un distributore automatico.

Autista: Eh, il biglietto si compra in tabaccheria o al capolinea!

Daniel Winkler: E adesso?

Autista: Forse c'è qualcuno che Le vende un biglietto.

Daniel Winkler: Scusi signora, ha un biglietto da vendere? Eh, sono senza.

Signora: Sì, ecco, Lei è fortunato.

Daniel Winkler: Grazie. Quant'è?

Signora: Sono 500 lire.

Daniel Winkler: Grazie, molto gentile.

6 Neue Wörter und Ausdrücke

in autobus	im Bus
un biglietto	eine (Fahr)karte
per il centro	für die Stadtmitte
l'autista	der Busfahrer, die Busfahrerin
si compra	man kauft
a terra	bevor man einsteigt (*wörtl.:* am Boden)
la terra	der Boden, die Erde
non lo sa	wissen Sie es nicht
alla fermata	an der Haltestelle
un distributore automatico	ein Automat
in tabaccheria	im Tabakwarenladen
al capolinea	an der Endstation
adesso	jetzt, nun
forse	vielleicht
c'è qualcuno che	ist jemand da, der …
Le	Ihnen
vende	(er/sie) verkauft
da vendere	zu verkaufen
senza	ohne
Lei è fortunato	Sie haben Glück
quant'è?	wieviel ist/macht es?
quanto	wieviel
sono 500 lire	es sind/macht 500 Lire
il turista	der Tourist
la turista	die Touristin
lavora	er/sie arbeitet; Sie arbeiten (*Anrede*)

Erklärungen

1.

| Il biglietto **si** compra in tabaccheria. | *Die Fahrkarte kauft man im Tabakwarenladen.* |

si entspricht in diesem Fall dem Deutschen *man*.

2. Zur 2. Verbklasse *(vgl. L. 5)* gehören Verben, deren Grundform auf *-ere* endet, wie z. B. *vendere – verkaufen* oder *prendere – nehmen*.

Die Formen der Gegenwart lauten bei den Verben auf *-ere*:

prend-o	*ich nehme*	prend-iamo	*wir nehmen*
prend-i	*du nimmst*	prend-ete	*ihr nehmt / Sie nehmen*
prend-e	*er, sie nimmt / Sie nehmen*	prend-ono	*sie nehmen*

| Che cosa prendono gli italiani a colazione? | *Was nehmen die Italiener zum Frühstück?* |
| C'è qualcuno che vende un biglietto? | *Ist hier jemand, der eine Fahrkarte verkauft?* |

3. *a* entspricht dem deutschen *in, an, bei* und verschmilzt mit *il, la* zu *al* bzw. *alla*:

La famiglia Winkler è **al** villaggio turistico.	*Familie Winkler ist im Feriendorf.*
Il signor Winkler è **al** bar e prende un cappuccino.	*Herr Winkler ist in der Bar und nimmt einen Cappuccino.*
Alla fermata non c'è un distributore automatico.	*An der Haltestelle gibt es keinen Fahrkartenautomaten.*

4. *L'autista* bedeutet sowohl *der Fahrer* als auch *die Fahrerin*. Im Italienischen gibt es eine Reihe von Wörtern auf *-ista*, meistens Berufsbezeichnungen, die in der Einzahl nur eine Form für männlich und weiblich kennen. Die Mehrzahl dagegen ist regelmäßig auf *-i* (männlich) bzw. auf *-e* (weiblich). Ebenso verhält sich *il/la turista = der Tourist / die Touristin*, Mehrzahl: *i turisti / le turiste*.

5. Sprechen Sie von einer Dame oder einem Herrn als dritte Person, so sagen Sie:

Dov'è **la** signora Winkler?	*Wo ist (die) Frau Winkler?*
Dov'è **il** signor Martini?	*Wo ist (der) Herr Martini?*

Sprechen Sie dagegen die Person direkt an, so entfällt *il* bzw. *la*:

Buongiorno, signora Winkler!	*Guten Tag, Frau Winkler!*
Buonasera, signor Martini!	*Guten Abend, Herr Martini!*

Übungen

Die Übungsaufgaben sind diesmal nicht ganz leicht; bevor Sie sich an die Arbeit machen, raten wir Ihnen daher, die Dialogtexte der Lektionen 1–5 nochmals sorgfältig zu lesen.

1. Setzen Sie die fehlenden Wörter ein:
a. Scusi, un ..... per il ....., per favore.
b. Ma il biglietto si ..... a terra, non ..... sa?
c. Dove? ..... non c'è un distributore automatico.
d. Il biglietto si compra in ..... o al ..... .
e. E .....?
f. ..... c'è qualcuno che Le ..... un biglietto.
g. ..... signora, ha un biglietto ..... vendere?
h. Eh, sono ..... .
i. Sì, ecco, Lei è ..... .
l. Grazie, ...?

2. Bilden Sie Fragen nach dem Muster:
Dove / ordinare / caffè – *Dove si ordina il caffè?*
a. Dove / comprare / biglietto
b. Dove / vendere / biglietto
c. Dove / parlare / italiano
d. Dove / comprare / aranciata
e. Dove / prendere / cappuccino
f. Dove / ordinare / acqua minerale

3. Beantworten Sie die Fragen der Übung 2 mit einem der eingerahmten Wörter und setzen Sie dabei *al* und *in* richtig ein:

Dove si ordina il caffè? Al bar. *usw.*

> bar, capolinea, villaggio turistico,
> Italia, spiaggia, tabaccheria.

4. Setzen Sie die fehlende Verbform ein:
a. Noi ..... (prendere) un caffè.
b. Tu ..... (accettare) un liquore.
c. Il signor Winkler ..... (parlare) bene l'italiano.
d. Voi ..... (prendere) l'autobus per il centro?
e. Loro ..... (vendere) i biglietti per l'autobus.
f. I turisti ..... (comprare) i biglietti per l'autobus.

5. Finden Sie das richtige Wort, ggf. mit Artikel, zu folgenden Definitionen:
a. *Un caffè con un po' di latte è un caffè macchiato.*
b. Si compra a terra: .....
c. Il biglietto si vende in .....
d. Daniel prende l'autobus alla .....
e. Gli italiani bevono il cappuccino a .....
f. L'ultima fermata è .....
g. Gli italiani ordinano il caffè ristretto quando sono .....
h. Un ospite tedesco in Italia è .....
i. Chi è in vacanza in Italia è .....
l. Chi lavora (*arbeitet*) in autobus è .....
m. Chi lavora in spiaggia è .....
n. Chi lavora al bar è .....
o. Un caffè ristretto è un caffè .....

Otranto

Lektion 7

Franziska und Daniel Winkler treffen sich am Abend mit Stefano und Silvia, zwei jungen Italienern, die sie am Strand kennengelernt haben. In Italien geht man im Sommer so gut wie jeden Abend aus, um Freunde zu treffen. In der übrigen Zeit im Jahr geht man meistens am Donnerstag und Samstag Abend aus. Freitag dagegen ist kein besonderer Tag, da am Samstag Schule ist bzw. teilweise auch gearbeitet wird.

Dieser Text enthält viele nützliche Wendungen, die Sie unbedingt parat haben sollten. Hören Sie den Text zunächst einige Male, ohne mitzulesen; dann hören Sie und lesen dabei den Text mit, am besten mehrmals. Sie dürfen dazwischen natürlich auch gern ein paar Vokabeln lernen, das entspannt. Und wenn Sie den Text schließlich fast auswendig können, hat sich die Übung gelohnt!

Dove andiamo stasera?

Stefano: Allora, ragazzi, dove andiamo?

Franziska: Io ho voglia di un gelato. Perché non andiamo da «Mario»?

Daniel: Andiamo al cinema. Stasera c'è un film molto interessante.

Stefano: E perché non andiamo in discoteca?

Franziska: No, in discoteca io non vengo. C'è troppo rumore e non si sente niente. Preferisco passare una serata tranquilla.

Daniel: Ma quanti anni hai, Franziska! Parli come la nonna!

Stefano: Calma, ragazzi! Ecco Silvia. Sentiamo che cosa ha voglia di fare lei! Silvia!!

Silvia: Ciao ragazzi, come va?

Stef., Dan., Franziska: Bene grazie, e tu?

Silvia: Sono stanca morta. Vado a dormire.

Stef., Dan., Franziska: Ma sei matta?!

Neue Wörter und Ausdrücke 7

dove andiamo?	wohin gehen wir?
stasera	heute abend
ho voglia di	ich habe Lust auf/zu
un gelato	ein Eis
da «Mario»	zu/bei „Mario"
al cinema	ins Kino
un film	ein Film
in discoteca	in die Disko
vengo	(ich) komme
troppo rumore	zuviel Lärm
non si sente niente	man hört nichts
preferisco	ich ziehe vor
passare	verbringen
una serata	ein(en) Abend
tranquillo, -a	ruhig
quanti anni hai	wie alt bist du
come	wie
la nonna	die Großmutter, Oma
calma!	Ruhe!
sentiamo	hören wir
ha voglia di	(sie) hat Lust auf/zu
fare	tun, machen
come va?	wie geht's?
stanco morto	todmüde
vado a dormire	ich gehe (zu) schlafen
ma sei matta?!	bist du denn verrückt?!
la trattoria	Restaurant *(mittlere bis höhere Preislage)*
finire (-isco)	beenden

7 Erklärungen

1. **Vado** a dormire.   *Ich gehe schlafen.*
   Come **va**?   *Wie geht's?*

Diese Formen gehören zu dem unregelmäßigen Verb *andare* = *gehen, fahren*, dessen Gegenwartsformen folgendermaßen lauten:

vado	*ich gehe*	andiamo	*wir gehen*
vai	*du gehst*	andate	*ihr geht / Sie gehen*
va	*er / sie geht*	vanno	*sie gehen*
va	*Sie gehen*		

2. Sie haben vielleicht schon bemerkt, daß Ortsangaben nach *andare* meist mit *a, in, da* ausgedrückt werden. Allerdings kann man dabei nicht beliebig wählen, deshalb folgt hier eine kleine Gedächtnisstütze für Sie:

Andiamo **da** Mario.	*Gehen wir zu Mario.*

Immer, wenn Sie zu Personen gehen bzw. fahren, müssen Sie *da* verwenden.

Vado **a** dormire.	*Ich gehe schlafen.*

Immer, wenn auf *andare* ein Verb (Tätigkeit, Handlung) folgt, müssen Sie *a* verwenden.

Vado **in** autobus.	*Ich fahre mit dem Bus.*

Immer, wenn Sie das Verkehrsmittel angeben, mit dem Sie fahren, heißt es *in*.

Andiamo **in** tabaccheria.	*Wir gehen in den Tabakladen.*

Immer, wenn Sie in ein Geschäft gehen, das auf *-ia* endet, heißt es ebenfalls *in*. So auch:

Vado **in** pizzeria.	*Ich gehe in die Pizzeria.*
Vado **in** trattoria.	*Ich gehe in die Trattoria.*

Merken Sie sich am besten noch folgende Ausdrücke, die Sie oft brauchen werden:

Vado **a** casa.	*Ich gehe nach Hause.*
Vado **al** cinema.	*Ich gehe ins Kino.*
Vado **al** bar.	*Ich gehe in die Bar.*
Vado **in** discoteca.	*Ich gehe in die Disko.*
Vado **in** spiaggia.	*Ich gehe zum Strand.*

3. Was für Ortsangaben nach *andare* gesagt wurde (*vgl.* 2.), gilt ebenso für Ortsbestimmungen nach *essere* (*vgl.* L. 1):

Siamo **a** Otranto.	*Wir sind in Otranto.* (Stadt)
Andiamo **a** Otranto.	*Wir fahren nach Otranto.*
Siamo **in** Italia.	*Wir sind in Italien.* (Staat)
Andiamo **in** Italia.	*Wir fahren nach Italien.*
Vado **a** casa.	*Ich gehe nach Hause.*
Sono **a** casa.	*Ich bin zu Hause.*
Vado **al** bar.	*Ich gehe in die Bar.*
Sono **al** bar.	*Ich bin in der Bar.*
Vado **da** Mario.	*Ich gehe zu Mario.*
Sono **da** Mario.	*Ich bin bei Mario.*

4. *dove* heißt nicht nur *wo* (*vgl.* L. 4), sondern auch *wohin*.

5. Zu der 3. und letzten Verbklasse gehören die Verben auf -*ire* wie z. B. *digerire* = *verdauen* (L. 5), *dormire* = *schlafen*, *preferire* = *vorziehen, lieber mögen*; *sentire* = *hören*, deren Grundform sich wie folgt verändert:

sent-*ire*		prefer-*ire*	
sent-o	*ich höre*	prefer-isco	*ich ziehe vor*
sent-i	*du hörst*	prefer-isci	*du ziehst vor*
sent-e	*er/sie hört*	prefer-isce	*er/sie zieht vor*
sent-e	*Sie hören*	prefer-isce	*Sie ziehen vor*
sent-iamo	*wir hören*	prefer-iamo	*wir ziehen vor*
sent-ite	*ihr hört*	prefer-ite	*ihr zieht vor*
sent-ono	*sie hören*	prefer-iscono	*sie ziehen vor*

7 Manche Verben dieser Klasse fügen -isc- ein, wobei die noi- und voi-Form immer regelmäßig ist. Wie *preferisco* verhalten sich auch *capire* = verstehen (*vgl.* L. 5, Ah, capisco!), *digerire* (diger-isco) und *finire* = beenden (fin-isco, fin-isci usw.). Insgesamt bilden diese Verben eine Untergruppe; sie sind in den Wörterlisten stets durch (-*isco*) gekennzeichnet.

Übungen

1. Setzen Sie *a, al, alla, da* oder *in* ein:
a. Andiamo ..... Mario. b. Andate ..... discoteca?
c. Siamo ..... villaggio turistico.   d. Sono stanca morta. Vado ..... dormire.   e. Vai ..... spiaggia ..... autobus?   f. Dove vai? Vado ..... Otranto.   g. Andiamo ..... bar ..... prendere un gelato?   h. Il biglietto si compra ..... tabaccheria e non ..... fermata.   i. Sono ..... casa.   l. Silvia non va ..... cinema.

2. Setzen Sie die fehlende Verbform ein:
a. Ciao Silvia, come (andare) .....?
b. Noi ..... (ordinare) un caffè ristretto se (essere) ..... stanchi.
c. Chi (desiderare) ..... un caffè meno forte (prendere) ..... un caffè macchiato.
d. Che cosa (prendere) ..... gli italiani dopo i pasti?
e. Il signor Winkler (accettare) ..... una grappa.
f. La signora (vendere) ..... un biglietto in autobus.
g. Non mi piace la discoteca, (preferire) ..... il cinema.
h. Noi non (avere) ..... voglia di andare da Mario.
i. (Voi) (dormire) ..... in spiaggia?
l. Daniel e Franziska (parlare) ..... bene l'italiano.

3. Setzen Sie jeweils die passende Form der Verben ein: *capire, digerire, dormire, preferire, sentire*
a. Desideri un caffè? No, grazie, ... un'acqua minerale.
b. In discoteca c'è troppo rumore e non si ..... niente.
c. Ecco Silvia, (noi) ..... che cosa ha voglia di fare.
d. Al villaggio turistico si ..... bene.
e. Prendo sempre una grappa dopo cena, perché non .....
f. Ragazzi, ... un'aranciata o un gelato?
g. Io non ..... bene l'italiano.

4. Übersetzen Sie folgende Sätze ins Italienische:
Daniel und Franziska gehen nicht ins Kino. Sie ziehen vor, in die Disko zu gehen. Silvia ist todmüde und geht zu Bett. Franziska hat Lust auf ein Eis. Daniel kauft eine Fahrkarte im Bus, weil er keine hat (= ohne ist). Herr Winkler nimmt die Einladung an. Er geht mit der Familie zu den Lollis (a casa Lolli). Dieses Jahr sind die Gäste am Strand international. Es gibt eine französische Familie aus Paris und einen österreichischen Studenten aus Wien.

Parole incrociate

Orizzontali
7 Preferisco passare una serata ...... • 8 ..... grazie e tu? • 9 Sono ..... morto. • 11+13 C'è .... • 14 Andiamo al .....? C'è un film interessante. • 16 ..... c'è un film interessante. • 17 Non ho ..... di andare in discoteca. • 19 Parli come la .....! • 20 Sentiamo .... ha voglia di fare Silvia.

Verticali
1 Ho voglia di un ..... . Andiamo da «Mario»? • 2 Sono stanco ..... • 3 Vado a ...... • 4 ..... passare una serata tranquilla. • 5 Ma Franziska, ...?! • 6 Ma Silvia, ... ?! • 10 Ciao regazzi, ... ? • 12 Preferisco passare una ..... tranquilla. • 14 ....., ragazzi! • 15 Non si sente ..... • 18 ..... Silvia, sentiamo ...

Lektion 8

Familie Winkler macht einen Ausflug und entschließt sich, mit dem Zug zu fahren, da Züge in Italien sehr preiswert sind und Herr Winkler sich den Autostreß ersparen will. Das Zeichen FS (*Ferrovie dello Stato*) steht für die italienische Eisenbahn. In Italien gibt es sehr günstige Sondertarife: Mit einer Wochenfahrkarte können Sie alle Züge benutzen und so viele Kilometer fahren, wie Sie wollen, und mit einem 1000-km-Ticket sparen Sie noch mehr.

Alla stazione FS

Winkler: Vorrei quattro biglietti di andata e ritorno per Bari.

Impiegato: Di prima o di seconda classe?

Winkler: Di seconda, per favore.

Impiegato: Sono 57.000 lire.

Winkler: Scusi, a che ora parte il prossimo treno per Bari?

Impiegato: Bè, che ore sono adesso? ... Dunque, sono le 8 e tre quarti ... allora alle 9.05 c'è un locale che ferma a tutte le stazioni. Alle 9.54 c'è un rapido, ma deve pagare un supplemento. Allora, con quale treno vuole partire?

Winkler: Con il rapido. E da quale binario parte?

Impiegato: Dal binario 13. Allora, sono 77.500 lire. Ecco a Lei i biglietti.

Winkler: Scusi, ma il rapido è in orario?

Impiegato: Sì, sì, normalmente il rapido non è mai in ritardo.

Neue Wörter und Ausdrücke

alla stazione	am Bahnhof
la ferrovia	die Eisenbahn
vorrei	ich möchte

50 *cinquanta*

4 biglietti di andata e ritorno	vier Fahrkarten hin und zurück
per Bari	nach Bari
di prima classe	erster Klasse
di seconda	zweiter Klasse
a che ora	um wieviel Uhr
partire	abfahren
il prossimo treno	der nächste Zug
che ore sono	wie spät ist es
dunque	also
sono le 8 e tre quarti	es ist dreiviertel neun
un quarto	ein Viertel
alle 9.05	um 9.05 Uhr
un locale	ein Bummelzug
che	der
fermare	halten
a tutte le stazioni	an allen Bahnhöfen
alle 9.54	um 9.54 Uhr
un rapido	ein IC-Zug
deve	(Sie) müssen
pagare	zahlen
un supplemento	ein Zuschlag
con quale treno	mit welchem Zug
vuole	wollen (Sie)
da quale binario	von welchem Gleis
dal binario 13	von Gleis 13
ecco a Lei	hier für Sie
è in orario	ist pünktlich
un orario	ein Fahrplan
normalmente	normalerweise
non è mai in ritardo	hat nie Verspätung
mezzo	halb

Erklärungen

1. *vorrei = ich möchte, ich hätte gern*

Vorrei un caffè, per favore.	*Ich möchte einen Kaffee, bitte.*
Vorrei 4 biglietti.	*Ich möchte 4 Fahrkarten.*

2. Allora, con quale treno vuole partire?
   Also, mit welchem Zug wollen Sie fahren?

vuole ist die Höflichkeitsform von *volere = wollen*, einem unregelmäßigen Verb, dessen Formen Sie am besten auswendig lernen:

voglio	*ich will*	vogliamo	*wir wollen*
vuoi	*du willst*	volete	*ihr wollt*
vuole	*er/sie will*	vogliono	*sie wollen*
vuole	*Sie wollen*		

Beachten Sie: steht bei *volere* ein weiteres Verb, muß dieses unmittelbar auf die Form von *volere* folgen:

Vogliamo andare al cinema? *Wollen wir ins Kino gehen?*

3. Sie haben im Text gesehen: C'è un locale che ferma a tutte le stazioni. *Es gibt einen Bummelzug, der an allen Bahnhöfen hält.* Hier bedeutet *che = der. Che* bleibt unverändert auch für *die, das* oder *die/welche (Mehrzahl):*

C'è qualcuno **che** vende un biglietto? *(L. 6)*	*Ist hier jemand, der eine Fahrkarte verkauft?*
la limonata **che** ordina Daniel	*die Limonade, die Daniel bestellt*
la casa **che** è lì	*das Haus, das dort ist*
i turisti **che** sono in Italia	*die Touristen, die in Italien sind*

4. Il rapido parte **dal** binario 13. *Der Fernschnellzug fährt vom Gleis 13 ab.*

da verbindet sich mit *il, la, lo* zu einem Wort, ähnlich wie *a* (*vgl.* L. 6).

5. Sicher haben Sie die Grundzahlen am Fuß der Seiten entdeckt und sie Schritt für Schritt schon gelernt.

Achten Sie darauf, daß bei Zusammensetzungen mit *1* (*uno*) und *8* (*otto*) das vorausgehende *-i* (vent-i) oder *-a* (trent-a, quarant-a usw.) wegfällt: ventuno 21, ventotto 28, trentuno 31, trentotto 38, quarantuno 41, quarantotto 48 usw.

Hier noch ein Hinweis auf die höheren Zahlen:

cento	*hundert*	mille	*(ein)tausend*
centouno	*hunderteins*	duemila	*zweitausend*
centodue	*hundertzwei*	tremila	*dreitausend*
centotré	*hundertdrei*	quattromila	*viertausend*
duecento	*zweihundert*	un milione	*eine Million*
trecento	*dreihundert*		
...			

Achtung! *Mille* heißt *eintausend* und gilt nur für Verbindungen mit tausend wie z. B. 1200 *milleduecento*, 1803 *milleottocentotré*, usw. Ab 2000 heißt es *duemila*, 3000 *tremila*, 10.000 *diecimila* usw. *Mila* ist also die Mehrzahl von *mille*.

Peschici

6. Die Uhrzeit

Che ora **è**?	*Wie spät ist es?*
Che ore **sono**?	

Die Angabe der Uhrzeit steht meistens in der Mehrzahl:

Sono le due.	*Es ist zwei Uhr.*
Sono le cinque.	*Es ist fünf Uhr.*
außer:	
E' l'una.	*Es ist ein Uhr.*

8 Die Minuten werden hinzugezählt (*e = und*); ab zwanzig vor der vollen Stunde können sie von dieser abgezogen (*meno = minus*) werden:

Sono le tre *e* venti.	Es ist drei Uhr zwanzig.
Sono le quattro *e* un quarto.	Es ist Viertel nach vier.
Sono le due *e* mezzo.	Es ist halb drei.
Sono le sette *meno* venti.	Es ist zwanzig vor sieben.
Sono le otto *e* tre quarti.	Es ist dreiviertel neun.

7. *A che ora?* = *Um wieviel Uhr? / Um welche Zeit?*

A che ora c'è il prossimo treno per Bari?	Um wieviel Uhr geht der nächste Zug nach Bari?
A che ora andiamo al cinema?	Um welche Zeit gehen wir ins Kino?

Übungen

1. Setzen Sie die richtigen Formen von *volere* ein:
a. (Io) non ..... andare al cinema. b. Con quale treno ..... partire, signore? c. Silvia ..... andare a dormire. d. Noi ..... andare in discoteca. e. Il signor Winkler non ..... una grappa, ma preferisce un cappuccino. f. Ragazzi, ... entrare?

2. Lesen Sie die folgenden Zahlen:

21, 54, 13, 17, 28, 85, 18, 45, 67, 76, 93, 16, 19

3. Beantworten Sie die Frage *Che ore sono?*:

9.00, 1.15, 23.45, 16.37, 18.25, 11.40

4. Beantworten Sie folgende Fragen nach dem Muster:
A che ora vai da Silvia? (6.40) Alle sei e quaranta.
a. A che ora c'è il film? (20.30)
b. A che ora parte il treno per Bari? (10.45)
c. A che ora andate da Mario? (18.15)
d. A che ora prendono il cappuccino gli italiani? (8.00)
e. A che ora i ragazzi italiani vanno in discoteca? (23.00)
f. A che ora volete partire? (11.37)

5. Setzen Sie die eingerahmten Wörter ein:

| a, con, da, di, per |

a. E' qui ..... la famiglia?   b. ..... dove siete? Siamo ..... Kassel.   c. Siete ..... Italia ..... la prima volta?   d. Un biglietto ..... andata e ritorno ..... Bari, ... favore.   e. ..... prima o ..... seconda classe?   f. ..... che ora parte l'autobus ..... il centro?   g. ..... 9.05.   h. ..... quale binario parte il rapido ..... Parigi?   i. ..... binario 11.   l. Il rapido non è ..... ritardo.   m. Il signor Winkler è ..... orario.

Alfabetomatto

Erkennen Sie die versteckten Wörter? (9 waagerecht, 8 senkrecht)

Lektion 9

Herr Winkler sitzt nach einem schönen, aber anstrengenden Tag an der Bar und unterhält sich mit dem Barman. Wie Sie lesen werden, wünscht der Barman *„Alla salute"*, „zum Wohl". Wenn man mittrinkt, kann man sowohl *„Alla salute"* als auch *„Cin cin"* = „Prost" sagen, das ist ein lautmalerischer Ausdruck, der das Klingen der Gläser wiedergeben soll.

Alla fine della giornata 9

Winkler: Vorrei un cocktail dissetante! Ho una sete terribile.

Barista: Ma che cosa ha fatto oggi?

Winkler: Ho passato una giornata eccezionale. Ho noleggiato un gommone e sono arrivato fino a Santa Maria di Leuca.

Barista: Ma no!?

Winkler: Sì sì. E poi sono andato a visitare la chiesa dove ho incontrato un custode così gentile che è stato con me tutto il pomeriggio e ho imparato un sacco di cose interessanti. E dopo siamo andati insieme a bere un bicchiere di vino. Ma il ritorno è stato duro; sono partito già stanco e con questo caldo adesso sono proprio morto.

Barista: Accidenti! . . . Ecco il cocktail: alla salute!

Neue Wörter und Ausdrücke

alla fine della giornata	am Ende des Tages
un cocktail dissetante	ein(en) Durstlöscher
ho una sete terribile	ich habe einen schrecklichen Durst
ha fatto (fare)	haben Sie getan
oggi	heute
ho passato (passare)	ich habe verbracht
eccezionale	außergewöhnlich, wunderbar
ho noleggiato (noleggiare)	ich habe gemietet
un gommone	ein Schlauchboot
sono arrivato (arrivare)	ich bin angekommen
fino a	bis
ma no!	aber nein!
sì sì	doch
poi	dann
sono andato (andare)	ich bin gegangen/gefahren
visitare	besichtigen
la chiesa	die Kirche

9

ho incontrato (incontrare)	ich habe getroffen
un custode	ein(en) Wächter
così ... che	so ... daß
è stato (essere)	er ist gewesen
con me	mit mir
tutto il pomeriggio	den ganzen Nachmittag
ho imparato (imparare)	ich habe gelernt
un sacco di	viel (*wörtl.:* ein Haufen von)
cose	Dinge
dopo	danach
siamo andati	wir sind gegangen
insieme	zusammen
bere	trinken
un bicchiere di vino	ein Glas Wein
il ritorno	die Rückfahrt
duro, -a	hart
sono partito (partire)	ich bin abgefahren
già	schon
con questo caldo	bei dieser Hitze
morto, -a	tot
accidenti!	Donnerwetter!
alla salute!	zum Wohl!

Erklärungen

1. Sie haben in L. 7 und 8 die Begriffe *la giornata* und *la serata* kennengelernt, die parallel zu *il giorno, la sera* verwendet werden. Der Unterschied liegt im Verständnis des Zeitablaufs: Meint man den Tag bzw. den Abend als Ganzes und seinen Verlauf, so verwendet man *giornata* und *serata:*

Che giornata eccezionale! *Was für ein wunderbarer Tag!*
Che serata tranquilla! *Was für ein ruhiger Abend!*

2. *fare = tun, machen* ist ein unregelmäßiges Verb. Seine Gegenwartsformen lauten:

faccio	*ich tue, mache*	facciamo	*wir tun, machen*
fai	*du tust, machst*	fate	*ihr tut, macht*
fa	*er/sie tut, macht*		*Sie tun, machen*
fa	*Sie tun, machen*	fanno	*sie tun, machen*

3. Auch *bere* = *trinken* ist leider unregelmäßig:

bevo	*ich trinke*	beviamo	*wir trinken*
bevi	*du trinkst*	bevete	*ihr trinkt / Sie*
beve	*er/sie trinkt*		*trinken*
beve	*Sie trinken*	bevono	*sie trinken*

4. Im Text dieser Lektion haben Sie bereits die Vergangenheit kennengelernt:

Ho passato una giornata eccezionale.	*Ich habe einen wunderbaren Tag verbracht.*
Sono partito già stanco.	*Ich bin schon müde abgefahren.*

In dieser Form wird die Vergangenheit wie im Deutschen mit Hilfe von *avere* = *haben* und *essere* = *sein* gebildet. Für Verben der Bewegung wie *andare, partire, arrivare* nimmt man *essere* und für alle anderen Verben *avere*. Allerdings gibt es hier einige Ausnahmen.

Ausgehend von der Grundform des jeweiligen Verbs, lauten die mit *essere* oder *avere* verbundenen Formen der drei Verbklassen für die Vergangenheit wie folgt:

andare: and-*ato* gegangen   vendere: vend-*uto* verkauft
imparare: impar-*ato* gelernt   volere: vol-*uto* gewollt
       partire: part-*ito* abgefahren
       dormire: dorm-*ito* geschlafen

Es gibt aber eine Reihe von Verben, die unregelmäßig sind und auf die wir Sie in den folgenden Lektionen hinweisen möchten, wie z. B.

fare:	ho fatto	*ich habe getan/gemacht*
bere:	ho bevuto	*ich habe getrunken*
essere:	sono stato, -a	*ich bin gewesen*

Beachten Sie: Wenn **essere** das Hilfsverb ist, so verhält sich der zweite Teil der Vergangenheitsform (z. B. *andato, partito*) wie ein Eigenschaftswort auf *-o, -a* (*vgl.* L. 4), d. h. seine Endung ist veränderlich.

andare:	sono	andato, -a	ich bin gegangen/gefahren
	sei	andato, -a	du bist gegangen/gefahren
	è	andato, -a	er / sie ist gegangen/gefahren
	è	andato, -a	Sie sind gegangen/gefahren
	siamo	andati, -e	wir sind gegangen/gefahren
	siete	andati, -e	ihr seid gegangen/gefahren
			Sie sind gegangen/gefahren
	sono	andati, -e	sie sind gegangen/gefahren

5. Erinnern Sie sich an *un po' di latte = ein bißchen Milch?* Benutzen Sie **di** ebenso in *un bicchiere di vino = ein Glas Wein, un bicchiere di acqua minerale = ein Glas Mineralwasser,* usw.

6. *Con questo caldo = bei dieser Hitze.* Lernen Sie dazu auch: *con questo freddo = bei dieser Kälte.*

Übungen

1. Setzen Sie fehlenden Verbformen der Vergangenheit ein:
a. Che cosa (Lei-fare) ..... oggi?
b. (io-passare) ..... una giornata eccezionale!
c. (io-noleggiare) ..... un gommone.
d. (io-arrivare) ..... fino a S. Maria di Leuca.
e. (io-andare) ..... a visitare la chiesa.
f. (io-incontrare) ..... un custode così gentile.
g. (io-imparare) ..... un sacco di cose interessanti.
h. (noi-andare) ..... a bere insieme un bicchiere di vino.
i. (io-partire) ..... già stanco.

2. Beantworten Sie folgende Fragen zum Text:
Dove è andato il signor Winkler? E' andato a S. Maria di Leuca.
a. Che cosa ha visitato?
b. Chi ha incontrato?
c. Che cosa ha imparato?
d. Dove è andato con il custode?
e. Come è partito?
f. Perché ha ordinato un cocktail?
g. Che cosa ha noleggiato?

3. Angenommen, die Winklers hätten den Tag zusammen verbracht, wie würden dann die Fragen und Antworten lauten?

4. Frau Winkler erzählt, wie sie ihren Tag verbracht hat:
a. andare alla spiaggia
b. parlare con il bagnino
c. andare al bar
d. bere un caffè
e. passare una bella giornata

5. Setzen Sie die passenden Verbformen für die Gegenwart ein:
a. Io ..... un'aranciata, e tu che cosa .....? (bere)
b. Il signor Winkler ..... un sacco di cose interessanti. (fare)
c. Noi ..... un cocktail dissetante, e voi che cosa .....? (bere)
d. Ragazzi, che cosa ..... oggi? Noi non ..... niente. (fare)
e. E i signori Winkler che cosa ..... oggi? (fare)

Trani

Lektion 10

Frau Winkler *„fa la spesa"*, d. h. sie geht einkaufen. Touristen bevorzugen Supermärkte, weil sie dort ohne Sprachprobleme einkaufen können. Dabei geht ihnen allerdings ein wesentlicher Teil der italienischen Einkaufsmentalität verloren. Für die Italiener spielt der persönliche Kontakt zum Verkäufer eine entscheidende Rolle, weil dieser ihre Vorlieben genau kennt und sie entsprechend bedienen kann. Außerdem legen Italiener großen Wert auf frische und gute Ware, was im Supermarkt nicht immer gegeben ist, und kaufen daher lieber in kleineren Läden.

Nel negozio di alimentari

Frau Winkler: Un etto di prosciutto crudo e due etti di salame, per favore.

Commessa: Salame milanese, ungherese o toscano?

Frau Winkler: Mamma mia! Che varietà! Uno piccante, per favore.

Commessa: Bene.

Frau Winkler: Posso assaggiare un po' di pecorino?

Commessa: Certo, ecco.

Frau Winkler: Ehmmm, che buono! Allora facciamo due etti di formaggio.

Commessa: Altro?

Frau Winkler: Ah, sì, devo prendere un po' di ricotta magra per mia figlia. Sa, fa la dieta e non deve mangiare cibi grassi. Vorrei anche tre panini, mezzo chilo di burro e dieci uova.

Commessa: Ecco a Lei.

Frau Winkler: Ha anche frutta?

Commessa: No, mi dispiace, deve andare dal fruttivendolo che è nella strada qui accanto. A posto così, signora?

Frau Winkler: No, ancora un pacco di sale e uno di zucchero, grazie. Quant'è?

Commessa: 23.750 lire. Ecco a Lei. Grazie signora, e buona giornata.

Neue Wörter und Ausdrücke

fa la spesa	(sie) geht einkaufen
nel negozio di alimentari	im Lebensmittelgeschäft
un etto di	100 Gramm (von)
il prosciutto	der Schinken
crudo	roh
due etti di	200 Gramm (von)
il salame	die Salami
milanese	Mailänder
ungherese	ungarisch
toscano, -a	toskanisch
mamma mia	meine Güte
che varietà	was für eine Vielfalt/Auswahl
piccante	scharf(e)
posso	darf ich
assaggiare	probieren/kosten
il pecorino	der Schafskäse
certo	sicher

10

che buono, -a	wie gut
il formaggio	der Käse
altro?	noch etwas?
devo	ich muß
la ricotta	Frischkäse, ähnlich wie Quark
magro, -a	mager
sa	wissen Sie
la figlia	die Tochter
fa la dieta	macht eine Diät
non può mangiare	darf nicht essen
cibi grassi	fette Speisen
il panino	das Brötchen/die Semmel
mezzo chilo di	ein halbes Kilo
il burro	die Butter
le uova (*Einz.:* l'uovo)	die Eier
la frutta	das Obst
mi dispiace	es tut mir leid
deve andare	Sie müssen gehen
dal fruttivendolo	zum Obsthändler
nella strada	in die/der Straße
qui accanto	hier nebenan
a posto così	ist das alles?
ancora	noch
un pacco di sale	eine Packung Salz
il sale	das Salz
lo zucchero	der Zucker
buona giornata	schönen Tag

Erklärungen

1. Im Text sind Ihnen folgende Formen begegnet:

devo prendere	*ich muß nehmen*
devo andare	*ich muß gehen*

dovere = *müssen* ist ein unregelmäßiges Verb:

devo	*ich muß*	dobbiamo	*wir müssen*
devi	*du mußt*	dovete	*ihr müßt / Sie müssen*
deve	*er/sie muß*	devono	*sie müssen*
deve	*Sie müssen*		

2. *Posso assaggiare?* = *Darf/Kann ich probieren?*

posso ist eine Form des unregelmäßigen Verbs *potere*, das sowohl *können* als auch *dürfen* bedeutet:

posso	*ich kann/darf*	possiamo	*wir können/dürfen*
puoi	*du kannst/darfst*	potete	*ihr könnt/dürft / Sie*
può	*er/sie kann/darf*		*können/dürfen*
può	*Sie können/dürfen*	possono	*sie können/dürfen*

3. Sa, mia figlia fa la dieta!
Wissen Sie, meine Tochter macht eine Diät.

Schon in Lektion 6 sind Sie dem Satz *Non lo sa?* = *Wissen Sie es nicht?* begegnet: *sa* ist eine Form des unregelmäßigen Verbs *sapere* = wissen:

so	*ich weiß*	sappiamo	*wir wissen*
sai	*du weißt*	sapete	*ihr wißt / Sie wissen*
sa	*er/sie weiß*	sanno	*sie wissen*
sa	*Sie wissen*		

4. Wie *a* und *da* (*vgl.* L. 6, L. 8) verschmilzt auch **in** mit *il, la, lo, i* und *le*, und zwar zu *nel, nella, nello, nei* oder *nelle, negli*.

nel negozio di alimentari   *im Lebensmittelgeschäft*
nella strada qui accanto   *in der Straße hier nebenan*

Deve andare **dal** fruttivendolo.
Sie müssen zum Obsthändler gehen.

Aus Lektion 7 wissen Sie, daß eine Bewegung zu einer Person durch **da** eingeleitet wird. Dabei verschmilzt auch **da** mit *il, la, lo, i, le* (*vgl.* L. 8) zu *dal, dalla, dallo, dai* oder *dalle*.

5. un etto **di** prosciutto   *hundert Gramm Schinken*
    un pacco **di** sale   *eine Packung Salz*
    mezzo chilo **di** burro   *ein halbes Kilo Butter*

Vergessen Sie nicht das *di* nach einer Mengenangabe! Es wird im Deutschen nicht übersetzt (*vgl.* L. 9).

10 Übungen

1. Beantworten Sie die Fragen zum Text:
a. Dove va la signora Winkler?
b. Che cosa vuole assaggiare?
c. Che cosa deve prendere?
d. Perché compra la ricotta?
e. Che salame compra?
f. Com'è il prosciutto?
g. Quanti panini compra?
h. La commessa ha anche frutta?
i. Dove deve andare la signora Winkler per comprare la frutta?

2. Setzen Sie die passende Form von *dovere*, *potere* oder *sapere* ein:
a. ..... assaggiare un po' di pecorino?
b. Ah, sì, ... prendere un po' di ricotta magra.
c. Mia figlia non ..... mangiare cibi grassi.
d. Mi dispiace, ma (Lei) ..... andare dal fruttivendolo.
e. Il biglietto si compra a terra. Non lo (Lei) .....?
f. Noi ..... che il biglietto non si compra in autobus.
g. I Winkler non ..... mangiare cibi grassi.
h. Ragazzi, ... fare la spesa?
i. (noi) ..... assaggiare un po' di ricotta?

3. Setzen Sie *a, da, di, in* mit oder ohne *il/lo/la* ein:
a. Vorrei mezzo chilo ..... burro.
b. Facciamo due etti ..... formaggio.
c. Vado ..... negozio ..... alimentari ..... fare la spesa.
d. Se vuole la frutta, deve andare ..... fruttivendolo.
e. Ragazzi, andiamo ..... cinema stasera?
f. Andiamo ..... discoteca?
g. No, andiamo ..... Mario ..... prendere un gelato.
h. Signora, desidera un bicchiere ..... acqua minerale?

4. Übersetzen Sie ins Italienische:
Daniel und ich gehen einkaufen. Wir gehen zum Lebensmittelgeschäft und kaufen den Käse ein, den wir probiert haben. Wir nehmen 200 Gramm Schafskäse und eine Packung Zucker für das Frühstück. Franziska macht eine Diät und darf keine fetten Speisen essen. Herr Winkler hat einen schönen Tag

verbracht. Er hat ein Schlauchboot gemietet und ist bis zur Kirche von Santa Maria di Leuca gefahren. Dort hat er einen freundlichen Wächter getroffen, und zusammen sind sie ein Glas Wein trinken gegangen.

Parole incrociate

Schaffen Sie es, alle angegebenen Wörter in unser Rätselschema einzutragen? Ein Tip: Fangen Sie am besten mit den längsten senkrechten Wörtern an, die sich mit der Zeile „negozio di alimentari" schneiden. Sie werden schnell bemerken, daß es auf die Anzahl der Buchstaben der einzusetzenden Wörter ankommt . . .

Orizzontali
mi piace
dieta
grasso
no
cibi
uova
ricotta
perché
magro
spesa
prosciutto
in

Verticali
burro
pecorino
mi dispiace
sale
panino
pacco
fruttivendolo
crudo
frutta
varietà
assaggiare
zucchero

Lektion 11

Herr und Frau Winkler gehen am Abend in ein Restaurant. Dort treffen sie die Lollis, die sie zu sich an den Tisch bitten, da das Lokal voll ist. In Italien ist es nicht üblich, sich zu anderen Gästen an den Tisch zu setzen, auch wenn nur dort noch freie Plätze sind. Der Kellner kann zwar fragen, ob sie es gestatten, daß sich jemand dazusetzt, doch werden die meisten unter sich bleiben wollen.

Nach dem neuen Gesetz müssen Sie vom Kellner vor dem Verlassen des Lokals eine richtige Rechnung verlangen, die Sie bei einer eventuellen Kontrolle der Finanzpolizei im Umkreis des Lokals benötigen. Es könnte sonst teuer werden!

Al ristorante

Signor Winkler: Buonasera. Siamo in quattro.

Cameriere: Buonasera. Mi dispiace, ma tutti i tavoli sono occupati.

Signora Winkler: Oh, peccato!

Signor Lolli: Ah, signor Winkler! Signora! Anche voi qui! Accomodatevi! Cameriere, i signori si siedono qui con noi.

Signor Winkler: Grazie, molto gentile da parte Sua!
Signor Lolli: Ma di niente!
Signora Winkler: Che cosa ci consiglia, Signor Lolli?
Signor Lolli: Vi consiglio i tortellini, che sono la specialità della casa.
Signora Winkler: Ma sono ripieni di carne, vero? Le dico la verità, la carne non mi piace, sono vegetariana.
Signora Lolli: Allora Le consiglio un risotto con gli asparagi e verdure alla griglia con un po' di olio.
Signor Winkler: Ma voi siete di casa qui?!
Signora Lolli: Bè, veniamo qui tutti gli anni in vacanza e ceniamo spesso qui perché si mangia davvero bene. . . . Buon appetito! . . .
Signora Winkler: Ottime queste verdure, mi sono piaciute molto!
Signor Winkler: Sentite, siccome siete stati così gentili con noi, vi offriamo noi la cena! Siete nostri ospiti. Adesso chiamo il cameriere e gli chiedo il conto.
Signor Lolli: Ma per carità! Facciamo alla romana!

Neue Wörter und Ausdrücke

al ristorante	im Restaurant
in quattro	zu viert
tutti i tavoli	alle Tische
il tavolo	der Tisch
occupato, -a	besetzt
peccato	schade
si siedono	(sie) setzen sich
da parte Sua	Ihrerseits
di niente	keine Ursache
ci consiglia (-are)	Sie empfehlen uns
vi consiglio	ich empfehle Euch/Ihnen
la specialità della casa	die Spezialität des Hauses
ripieno di	gefüllt mit

11

la carne	das Fleisch
Le dico	ich sage Ihnen
la verità	die Wahrheit
non mi piace	es schmeckt mir nicht
vegetariano, -a	Vegetarier(in)
gli asparagi	die Spargel
la verdura	das Gemüse
alla griglia	gegrillt
l'olio	das Öl
Lei è di casa qui	Sie sind Stammgast hier
veniamo (-ire)	wir kommen
tutti gli anni	jedes Jahr
cenare	zu Abend essen
spesso	oft
buon appetito	guten Appetit
davvero	wirklich
ottimo, -a	ausgezeichnet
mi sono piaciute	sie haben mir geschmeckt
siccome	da
offrire la cena	zum Abendessen einladen
nostro, -a	unser, -e, -es
siete nostri ospiti	Sie sind unsere Gäste
(feste Redewendung)	
chiamo (-are)	ich rufe
gli chiedo (-ere)	ich frage ihn (nach)
il conto	die Rechnung
per carità	um Gottes willen
facciamo alla romana	jeder zahlt für sich
solo, -a	allein

Erklärungen

1. *Siamo in quattro = Wir sind zu viert.* Genauso: *in due = zu zweit, in tre = zu dritt,* usw. Aber: *sono solo, -a = ich bin allein*.

2. Ob Sie es bemerkt haben?

tutti **i** tavoli	*alle Tische*
tutti **gli** anni	*alle Jahre*
tutte **le** cabine	*alle Kabinen*

Nach *tutti, -e* folgt vor dem Hauptwort stets der bestimmte Artikel *i, gli* oder *le*.

3. Sie haben im Text gesehen:

La carne non mi piace.	*Fleisch schmeckt mir nicht.*
Che cosa ci consiglia?	*Was empfehlen Sie uns?*
Vi consiglio . . .	*Ich empfehle Euch/Ihnen . . .*

Den deutschen Fürwörtern des Dativs (Wem-Fall)
  mir,   dir,   ihr,   ihm,   Ihnen,   uns,   euch,   ihnen
entsprechen im Italienischen
  mi,   ti,   le,   gli,   Le,   ci,   vi,   gli.

Sie stehen immer vor dem Verb: *mi piace* *es gefällt mir*.
Die Verneinung *non* steht vor dem Fürwort: *non mi* piace *es gefällt mir nicht*.

4. *chiedere* ist eines der wenigen Verben, bei denen der Gebrauch des Fürworts nicht mit dem Deutschen übereinstimmt *(Wem-Fall anstatt Wen-Fall)*. Ich frage *dich* heißt im Italienischen eigentlich: ich frage *dir* = io ti chiedo, wir fragen *ihn* eigentlich: wir fragen *ihm* = noi gli chiediamo.
Merken sollten Sie sich:

Gli chiedo il conto.	*Ich frage ihn nach der Rechnung.*

5. *mi piace* ist eine Form des Verbs *piacere* = *gefallen, schmecken*.

La carne non *mi piace*.	*Fleisch schmeckt mir nicht.*
aber:	
I tortellini *mi piacciono* molto.	*Tortellini schmecken mir sehr.*

In der Vergangenheit benutzt man als Hilfsverb *essere* – im Gegensatz zum Deutschen; *piacere* verändert sich zu *piaciuto* und verhält sich wie ein Eigenschaftswort auf *-o, -a* (*vgl.* L. 9):

Questo vino mi **è** piaciuto.	*Dieser Wein hat mir geschmeckt.*
La carne non mi **è** piaciuta.	*Das Fleisch hat mir nicht geschmeckt.*

11
| Queste camere mi **sono** piaciute molto. | Diese Zimmer haben mir sehr gefallen. |
| I film francesi mi **sono** piaciuti. | Die französischen Filme haben mir gefallen. |

6. Im Text haben Sie gelesen: *Dico la verità* = *Ich sage die Wahrheit* und *Veniamo tutti gli anni* = *Wir kommen jedes Jahr*.

Dico und *veniamo* sind Formen der unregelmäßigen Verben *dire* = *sagen* und *venire* = *kommen*:

dire		venire	
dico	*ich sage*	vengo	*ich komme*
dici	*du sagst*	vieni	*du kommst*
dice	*er/sie sagt*	viene	*er/sie kommt*
dice	*Sie sagen*	viene	*Sie kommen*
diciamo	*wir sagen*	veniamo	*wir kommen*
dite	*ihr sagt*	venite	*ihr kommt*
dicono	*sie sagen*	vengono	*sie kommen*

7. La specialità **della** casa = *die Spezialität des Hauses*. Aus Lektion 9 kennen Sie auch bereits: *alla fine* **della** *giornata* = *am Ende des Tages*. *della* entsteht aus *di+la*; aus *di+il* wird *del*, aus *di+lo* wird *dello*, usw., wie Sie es von *a, da, in* bereits kennen (*vgl.* L. 6, L. 8, L. 10).

Übungen

1. Setzen Sie fehlende Ausdrücke ein:
a. Siamo ..... quattro.
b. Tutti ..... sono occupati.
c. Grazie, è molto gentile ..... .
d. Di .....!
e. Vi consiglio ..... .
f. I tortellini sono ..... di ....., vero?
g. Le dico ....., la carne ..... . Sono ..... .
h. Allora Le consiglio un risotto con ..... e verdure ..... .
i. Ma voi siete ..... qui!?
l. Veniamo qui ..... e ceniamo ..... qui.

m. ..... mangia davvero bene.
n. Queste verdure ..... molto.
o. Vi offriamo noi ..... .
p. ..... chiamo il cameriere e gli chiedo ..... .
r. Facciamo .....!

2. Setzen Sie die Formen der unregelmäßigen Verben ein:
a. (Noi-venire) ..... qui tutti gli anni.
b. (Io-dire) Le ..... la verità. La carne non mi piace.
c. (Noi-fare) ..... alla romana.
d. Dove (voi-andare) ..... a cena?
e. (Voi-volere) ..... venire anche voi al cinema?
f. Ci dispiace, ma (noi-dovere) ..... andare a dormire.
g. Che cosa (voi-fare) ..... oggi pomeriggio?
h. Mi dispiace, non (io-potere) ..... venire al cinema.
i. Anche Mario e Luisa (venire) ..... in discoteca.
l. Mario (dire) ..... che è stanco.
m. La famiglia Lolli (venire) ..... in vacanza qui tutti gli anni.

3. Setzen Sie die richtigen Formen von *piacere* ein:
a. La carne non mi ..... .
b. Le ..... la verdura?
c. Sì, mi ..... tutte le verdure.
d. Ha provato la specialità della casa? Le .....?
e. Mi ha consigliato bene, queste verdure mi ..... molto.
f. Ti ..... il film ieri sera?
g. Non sono andato al cinema, sono andato al ristorante e ho mangiato una pizza che ..... molto.
h. Ti ..... la famiglia Lolli?

4. Setzen Sie *mi, ti, gli, Le, ci, vi, gli* sinngemäß ein:
a. Signora Winkler, la carne ..... piace?
b. Signora Lolli, ... *(mir)* consiglia un risotto?
c. Chiamo il cameriere e ..... chiedo il conto?
d. ..... *(uns)* consiglia i tortellini?
e. Mario, ... sono piaciute le verdure?
f. Ragazzi, ... è piaciuto il film?
g. I signori Winkler hanno assaggiato la pizza? ..... è piaciuta?

5. Beantworten Sie die Fragen der Übung 4 und verneinen Sie sie:
a. *Signora Winkler, la carne Le piace? No, non mi piace.*
usw.

Lektion 12

Frau Winkler ruft ihre ehemalige Italienischlehrerin an, die in Rom wohnt. Wenn man anruft, meldet sich der andere Teilnehmer mit *„Pronto?"*, was soviel wie *„Ich bin bereit (zuzuhören)"* bedeutet, oder mit *„Pronto, chi parla?"* (Wer spricht?). Der Anrufer meldet sich darauf mit *„Sono ..."* und nennt seinen Namen.

Musei Vaticani

Una telefonata

Signor Benedetti: Pronto?

Signora Winkler: Pronto, sono Ursula Winkler. C'è la signora Gloria?

Signor Benedetti: Un attimo, prego.

Gloria: Pronto, chi parla?

Signora Winkler: Buongiorno, sono Ursula Winkler. Una ex alunna di Kassel. Sono qui a Roma.

Gloria: Ah, che bello! Ma che cosa fa in Italia?

12

Signora Winkler: Sono qui in vacanza da una settimana.

Gloria: E' qui con la famiglia, immagino.

Signora Winkler: Sì, siamo rimasti per qualche giorno a Otranto, ma poi è piovuto e così abbiamo deciso di partire per Roma.

Gloria: Avete già visitato la città?

Signora Winkler: No, siamo arrivati ieri sera. Oggi, dopo un giro per la città ho deciso di visitare i Musei Vaticani, ma come spesso succede in Italia i musei sono chiusi il pomeriggio. Ho passato qualche ora in una libreria lì vicino, dove ho trovato una guida molto interessante che ho poi letto in un caffè in Piazza Navona.

Gloria: Allora non ha visto il museo, che peccato!

Signora Winkler: No, no. Ci ritorno domattina quando è aperto.

Gloria: Però, signora Ursula, come parla bene l'italiano! Non ha dimenticato niente.

Signora Winkler: Eh, molto gentile, ma purtroppo non ho mai tempo di studiare e in Germania non parlo con nessuno l'italiano!

Gloria: Ma perché non ci vediamo domani pomeriggio? Possiamo prendere un caffè insieme!

Signora Winkler: Volentieri, accetto con piacere!

Neue Wörter und Ausdrücke

una telefonata	ein Telefongespräch
pronto	hallo
un attimo	einen Augenblick
chi parla?	wer ist am Apparat?
una ex alunna	eine ehemalige Schülerin
da una settimana	seit einer Woche
immagino (-are)	ich nehme an
siamo rimasti	wir sind geblieben
per qualche giorno	(für) einige Tage

12

è piovuto	es hat geregnet
abbiamo deciso di	wir haben beschlossen zu
avete visitato	haben Sie besichtigt
la città	die Stadt
siamo arrivati	wir sind angekommen
ieri sera	gestern Abend
un giro	ein(e) Rundgang, -fahrt
per la città	durch die Stadt
ho deciso di	ich habe beschlossen zu
i Musei Vaticani	die Museen des Vatikans
succede	es passiert
sono chiusi	sind geschlossen
il pomeriggio	am Nachmittag
qualche ora	einige Stunden
la libreria	die Buchhandlung
la guida	der Reiseführer
ho letto	ich habe gelesen
ha visto	Sie haben gesehen
ritorno (-are)	ich gehe noch einmal
domattina	morgen vormittag
è aperto	ist geöffnet
ha dimenticato (-are)	Sie haben vergessen
purtroppo	leider
non ho mai tempo di	ich habe nie Zeit, ... zu
studiare	lernen, studieren
nessuno	niemand
ci vediamo	wir sehen uns
volentieri	gern
con piacere	mit Vergnügen; gern

Erklärungen

1. Passen Sie auf beim Gebrauch von *qualche = einige*!

qualche or**a**	*einige Stunden*
qualche giorn**o**	*einige Tage*

Nach *qualche* steht das Hauptwort immer in der *Einzahl*, obwohl wie im Deutschen die Mehrzahl gemeint ist.

2.

Non ha dimenticato *niente*?	*Haben Sie nichts vergessen?*
Non parlo con *nessuno* l'italiano.	*Ich spreche Italienisch mit niemandem.*
Non ho *mai* tempo di studiare!	*Ich habe nie Zeit zum Lernen.*

In Verbindung mit *niente = nichts, nessuno = niemand, mai = nie* muß im Italienischen *non* vor dem Verb stehen. *Non* hat hier eine verstärkende Funktion.

3. Inzwischen sind Ihnen schon etliche Verben auf *-ere* begegnet, die ihre Grundform in der Vergangenheit unregelmäßig verändern:

ho deciso   (aus: decidere *beschließen*)
hai letto   (aus: leggere *lesen*)
ha visto   (aus: vedere *sehen*)
sono rimasto, -a   (aus: rimanere *bleiben*)

Außerdem kennen Sie: *chiuso = geschlossen* und *aperto = geöffnet*. Sie können also auch die Vergangenheit von chiudere *(schließen)* und aprire *(öffnen)* bilden:
ho chiuso   *ich habe geschlossen*
ho aperto   *ich habe geöffnet*

4. Zu *rimanere = bleiben* sollten Sie sich noch merken, daß bei den Gegenwartsformen mit *io* und *loro* ein *g* vor der Endung eingeschoben wird:

rimango	*ich bleibe*	rimaniamo	
rimani		rimanete	
rimane		rimangono	*sie bleiben*

5. Inzwischen kennen Sie folgende Fragefürwörter:

Che cosa?	*Was?*	Di dove?	*Woher?*
Chi?	*Wer?*	Quale?	*Welche, -r, -s?*
A chi?	*Wem?*	Con quale?	*Mit welchem, -r?*
Con chi?	*Mit wem?*	Perché?	*Warum?*
Come?	*Wie?*	Quando?	*Wann?*
Dove?	*Wo? Wohin?*	Quanto?	*Wieviel?*

settantasette

6. Einige Hauptwörter bleiben in der Mehrzahl unverändert:

la città	*die Stadt*	–	Mehrzahl:	le città
il caffè	*der Kaffee*	–	Mehrzahl:	i caffè
il tassì	*das Taxi*	–	Mehrzahl:	i tassì

Ebenso verhalten sich alle Hauptwörter, die auf Konsonant enden (in der Regel handelt es sich um Fremdwörter):
il bar – i bar;   il film – i film;   il tram – i tram *(die Straßenbahn)*.
Beachten Sie aber auch:
il cinema – i cinema (*männl.*) *das Kino, die Kinos*
l'auto – le auto (*weibl.*) *das Auto, die Autos*

Übungen

1. Formulieren Sie folgende Sätze nach dem Muster um:
Sono qui da molti giorni. Sono qui da qualche giorno.
a. Ho visitato molti musei.
b. Ho visto molte chiese.
c. Ho passato molte ore in libreria.
d. Abbiamo fatto molte telefonate.
e. Ho parlato con molti ragazzi.
f. In spiaggia ho visto molti stranieri.
g. Al ristorante ho assaggiato molti formaggi.

2. Beantworten Sie folgende Fragen mit *niente, nessuno, mai*:
a. Chi hai visto in spiaggia?
b. Che cosa hai fatto ieri?
c. Hai già mangiato i tortellini?
d. Che cosa hai dimenticato?
e. Chi viene al cinema con noi stasera?
f. Avete già visto i musei vaticani?
g. Sei già stato in Italia?

3. Setzen Sie folgende Sätze in die Vergangenheit:
a. Andiamo in una libreria.
b. Vediamo una guida interessante.
c. Decidiamo di comprare la guida.
d. Rimaniamo qualche giorno a Otranto.

e. Mangiamo spesso al ristorante da Pippo.
f. Mi piacciono molto le verdure.
g. Mario e Luisa sono al mare.

4. Übersetzen Sie ins Italienische:
Frau Winkler spricht mit Frau Benedetti. Sie ist jetzt in Rom mit der Familie. Sie sind gestern abend angekommen. Sie haben die Stadt nicht besichtigt, weil sie spät angekommen sind. Heute haben sie beschlossen, die Musei Vaticani zu besichtigen. Wie es oft passiert, sind die Museen am Nachmittag geschlossen, so sind sie in eine Buchhandlung in der Nähe gegangen, wo sie einen interessanten Führer gefunden haben. Dann sind sie in ein Café gegangen und haben den Führer gelesen. Morgen wollen sie das Museum besichtigen.

5. **Il bersaglio** (Die Zielscheibe)
Versuchen Sie, die Wörter in der Zielscheibe fortlaufend in eine Beziehung zueiander zu bringen (wie z. B. Meer-Welle-Wind-Himmel-Wolke-Sonne-Regen usw.). So entsteht eine Wörterschlange, die bei ristorante beginnt und mit dem Zielwort tornare endet. Unseren Lösungsvorschlag finden Sie im Schlüssel auf S. 133.

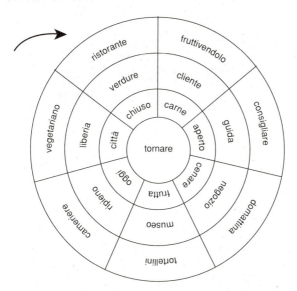

Lektion 13

Frau Winkler möchte eine sommerliche Leinenhose kaufen. Wissen Sie, daß die italienischen Konfektionsgrößen nicht mit den deutschen übereinstimmen? Zu Ihrer Größe, die Sie in Deutschland tragen, müssen Sie in Italien zwei volle Größen hinzuzählen. Frau Winkler trägt Größe 38, verlangt daher in Italien Größe 42.

Auch bei Einkäufen dieser Art dürfen Sie den Kassenbon (*lo scontrino*) nicht vergessen, um Ihren Kauf bei einer eventuellen Finanzkontrolle rechtfertigen zu können.

Fare spese

Signora Winkler: Vorrei un paio di pantaloni blu di lino.

Commessa: Ha già visto qualcosa in vetrina che Le piace?

Signora Winkler: Sì, ne ho visto un paio... Lì a sinistra, vicino a quella camicia rosa. Ecco, quelli lì.

Commessa: Vuole provarli? Che taglia porta?

Signora Winkler: La 42.

Commessa: Eccoli... Come Le vanno?

Signora Winkler: Sono un po' stretti. Mi porti la 44, per favore.

Commessa: Purtroppo non li abbiamo in questo colore. Ci sono solo neri o bianchi. In blu abbiamo questo altro modello. Perché non lo prova?

Signora Winkler: Va bene... Oh, questi sono proprio comodi. Quanto costano?

Commessa: 125.000 lire.

Signora Winkler: Bè, sono un po' cari, ma li prendo lo stesso. Posso pagare con una carta di credito?

Commessa: Certo.... Firmi qui. Grazie, arrivederci.

Neue Wörter und Ausdrücke

lo scontrino	der Kassenbon
fare spese	Einkäufe machen
un paio di	ein Paar
i pantaloni (*Mehrz.!*)	die Hose
blu	blau
di lino	aus Leinen
qualcosa	etwas
in vetrina	im Schaufenster
ne	(von denen), davon
a sinistra	links
vicino a	*hier:* neben
la camicia	das Hemd, die Bluse
rosa	rosa
quelli lì	die da
vuole provarli?	möchten Sie sie anprobieren?
provare	probieren
che taglia porta?	welche Größe tragen Sie?
portare	tragen
eccoli	hier sind sie
come Le vanno?	wie passen/stehen sie Ihnen?
stretto, -a	eng
mi porti	bringen Sie mir
purtroppo	leider

13

non li abbiamo	wir haben sie nicht
il colore	die Farbe
nero, -a	schwarz
bianco, -a	weiß
altro, -a	andere, -r, -s
il modello	das Modell
perché non lo prova	warum probieren Sie es nicht
va bene	(geht) in Ordnung
comodo, -a	bequem
quanto costano?	wieviel kosten sie?
caro, -a	teuer
li prendo	ich nehme sie
lo stesso	trotzdem
la carta di credito	die Kreditkarte
firmi qui	unterschreiben Sie hier
comprare	kaufen

Erklärungen

1. I pantaloni sono un po' cari, ma li prendo lo stesso.
   Die Hose ist etwas teuer, aber ich nehme sie trotzdem.

li steht hier für *i pantaloni*, also für *sie (Mehrzahl)*.

Abbiamo questo altro modello.
Wir haben dieses andere Modell.

Perché non lo prova?
Warum probieren Sie es nicht an?

lo steht hier für *il modello*, also für *es/ihn*. Sie kennen *lo* in dieser Verwendung schon aus Lektion 6: *Non lo sa? Wissen Sie es nicht?*

Den deutschen Fürwörtern des Akkusativs (Wen-Fall)
mich, dich, ihn/es, sie/Sie, uns, euch, sie
entsprechen im Italienischen
mi ti lo la, La ci vi li (m.) *le* (w.):

> *Ti* vedo domani? *Sehe ich Dich morgen?*
> Che bella camicia. *Was für eine schöne Bluse.*
> *La* compro. *Ich kaufe sie.*

Prendete un caffè? –	*Nehmt ihr einen Kaffee?* –
Lo prendiamo volentieri.	*Wir nehmen ihn gern.*
Perché non assaggiate queste verdure? – *Le* assaggiamo con piacere!	*Warum probiert ihr nicht dieses Gemüse? – Wir probieren/ kosten es gern!*

2. Die persönlichen Fürwörter stehen immer vor dem Verb. In Verbindungen von *volere, potere, sapere, dovere* mit der Grundform eines anderen Verbs kann das Fürwort auch an die Grundform dieses zweiten Verbs angehängt werden, wobei das auslautende *-e* der Grundform verschwindet:

Vuole prova**rli**? *Wollen Sie sie (die Hose) anprobieren?*
Genauso können Sie aber auch sagen: **Li** vuole provare?

3. Sie haben im Text den folgenden Satz gefunden:
Ne ho visto un paio. *Ich habe ein Paar gesehen (von den Hosen).* Für eine Menge verwendet man **ne** anstelle des Hauptwortes, wenn dieses vorher erwähnt wurde. Dieses *ne = davon* wird im Deutschen nicht übersetzt:

Quanti figli ha il signor Winkler?	*Wie viele Kinder hat Herr Winkler?*
Ne ha due.	*Er hat zwei (Kinder).*
Quanti biglietti compra alla stazione? – **Ne** compra quattro.	*Wie viele Fahrkarten kauft er am Bahnhof? Er kauft vier (Fahrkarten).*

4. Vielleicht haben Sie bemerkt, daß einige Farbadjektive unveränderlich sind, wie z. B. *blu*: un paio di pantaloni blu *ein Paar blaue Hosen*. Ebenfalls unveränderlich sind: *rosa = rosa, lilla = lila, viola = violett, beige = beige*.

5. Quanto *costa?* Quanto *costano?*
   Wieviel kostet es? *Wieviel kosten sie?*

Je nachdem, ob das, was Sie kaufen wollen, Einzahl oder Mehrzahl ist, verwenden Sie die eine oder die andere Form dieser Frage.

13 Übungen

1. Vervollständigen Sie folgende Sätze:
   a. Vorrei un paio di ..... blu di ..... .
   b. Ha già visto ..... in ..... che Le piace?
   c. Sì, ne ho visto ..... vicino a quella ..... rosa.
   d. ..... provarli?
   e. Che ..... porta?
   f. Come Le .....?
   g. Sono un po' ...... Mi porti la 44.
   h. ..... non li abbiamo in questo ......
   i. Abbiamo questo ..... modello. Perché non lo .....?
   l. Oh, sono proprio ...... Quanto .....?
   m. Bè, sono un po' ....., ma li prendo ..... .

2. Beantworten Sie folgende Fragen und verwenden Sie dabei die passenden Fürwörter nach dem Muster:
   Compra questi pantaloni? Sì, li compro./No, non li compro.
   a. Maria, provi i pantaloni?
   b. La signora Winkler compra la camicia rosa?
   c. La signora prova un altro modello?
   d. La commessa prende un altro paio di pantaloni?
   e. Il signor Winkler chiede il conto?
   f. Il signor Lolli ordina i tortellini?
   g. La signora Winkler assaggia il pecorino?
   h. La signora Winkler compra la frutta?
   i. La signora trova le cabine?
   l. I Winkler parlano l'italiano?

3. Beantworten Sie die Fragen mit *ne:*
   a. Quanti biglietti compra il signor Winkler alla stazione?
   b. Quante uova compra la signora Winkler?
   c. Quante camere ha la villetta?
   d. Quante guide trova la signora Winkler in libreria?
   e. Quante chiese visita il signor Winkler a Santa Maria di Leuca?
   f. Quanti caffè beve il signor Winkler la mattina?
   g. Quanti bicchieri di vino beve il signor Winkler con il custode della chiesa?

4. Setzen Sie folgende Fürwörter der Einzahl = *lo, la, La, gli, le, Le* je nach Bedeutung ein:

a. La carne non mi piace. Allora ..... (*Ihnen*) consiglio un risotto.
b. Dov'è Mario? Non ..... so.
c. Ha già visto qualcosa in vetrina che ..... piace?
d. Questa camicia è proprio bella, ... prendo.
e. Come ..... vanno i pantaloni?
f. Maria compra una guida e ..... legge.
g. Signora, ... vedo stasera?
h. Signore, ... offro un caffè!
i. Il museo è interessante. ..... visito.

5. Setzen Sie folgende Fürwörter der Mehrzahl = *li, le, gli* je nach Bedeutung ein:

a. I tortellini mi piacciono e ..... prendo.
b. Questi pantaloni sono belli. ..... provo.
c. Ecco i signori Winkler: ..... chiamo e ..... offro un liquore.
d. Le verdure sono molto buone. Perché non ..... assaggia?
e. Le chiese di Roma sono belle. Oggi ..... visito.
f. Stefano e Silvia sono qui. ..... vedo stasera.
g. Daniel e Franziska mangiano molti gelati perché ..... piacciono molto.

Ostuni

Lektion 14

Italiener zu finden, die Fremdsprachen beherrschen, ist gar nicht so einfach. Um so mehr freuen sich die Italiener, wenn ihnen Touristen begegnen, die sich bemühen, Italienisch zu sprechen, und sie sind Fremden gegenüber ausgesprochen hilfsbereit. Es dürfte Ihnen kaum passieren – wie vielleicht in anderen Ländern – daß man Sie nur dann versteht, wenn Sie die Landessprache gut beherrschen.

Chiedere un'informazione stradale 14

Winkler: Senta scusi, mi può dire come arrivo al museo archeologico?

Passante: Dunque, vada sempre dritto per questa strada. Al primo semaforo giri a destra, continui fino al terzo incrocio, poi giri a sinistra. Lì c'è un parco. Lo attraversi e dall'altra parte c'è una chiesa. A destra, non lontano da lì, c'è il museo archeologico.

Winkler: Scusi, è un po' difficile, può ripetere un'altra volta?

Passante: Bè senta, è un po' lontano. Prenda un tassì. Venga! Lì c'è il posteggio dei tassì. Ah, guardi, c'è anche un mio conoscente... Senti, Mario, accompagna questo signore al museo archeologico...

Winkler: No, no, grazie, guardi, non sono a piedi, sono in macchina. E' parcheggiata lì dietro l'angolo.

Passante: Ma perché non l'ha detto subito? Allora è facile. Segua l'autobus numero diciotto e alla quinta fermata arriva davanti al museo archeologico.

Neue Wörter und Ausdrücke

chiedere un'informazione stradale	nach dem Weg fragen
senta (-ire)	hören Sie
mi può dire	können Sie mir sagen
archeologico	archeologisch
il passante	der Passant
dunque	also, nun
vada	gehen Sie
sempre	immer
dritto	geradeaus

14

il semaforo	die Ampel
giri (-are)	biegen Sie ab
a destra	rechts
continui (-are)	gehen Sie weiter
fino a	bis zu
terzo, -a	dritte, -r, -s
l'incrocio	die Kreuzung
il parco	der Park
attraversi (-are)	überqueren Sie
dall'altra parte	auf der anderen Seite
lontano da	weit entfernt von
difficile	schwierig, kompliziert
ripetere	wiederholen
un'altra volta	noch einmal
prenda	nehmen Sie
lontano, -a	weit
il tassì	das Taxi
venga	kommen Sie
il posteggio dei tassì	der Taxistand
il conoscente	der Bekannte
accompagna (-are)	begleite (du)
a piedi	zu Fuß
in macchina	mit dem Auto
la macchina	das Auto
il locale	das Lokal
il posto	der Ort
parcheggiare	parken
dietro	hinter
l'angolo	die Ecke
segua (-ire)	folgen Sie
quinto, -a	fünfte, -r, -s
davanti a	vor

Erklärungen

1. *Senta scusi!* Das ist die typische Einleitungsformel, wenn man nach einer Auskunft fragt oder jemanden um etwas bittet. Wörtlich bedeutet es „*hören Sie, entschuldigen Sie*", entspricht aber dem deutschen: „*Entschuldigen Sie bitte!*"

2. In dieser Lektion machen wir Sie mit der Befehlsform bekannt. Sie wird in den drei Verbklassen nach folgendem Schema gebildet:

	-are		-ere, -ire		
(tu)	scusa	*entschuldige*	prendi	*nimm*	senti	*höre*
(Lei)	scusi	*entschuldigen Sie*	prenda	*nehmen Sie*	senta	*hören Sie*

Für die *noi*- und *voi*-Form gelten die entsprechenden Formen der Gegenwart: *Andiamo! = Gehen wir! Entrate! = Tretet ein! Kommen Sie herein!* (s. L. 2), *Venite! = Kommen Sie!* (s. L. 1), usw.

3. Beachten Sie die Befehlsformen der unregelmäßigen Verben *andare* und *venire:*

(tu)	va'	*geh*	vieni	*komm*
(Lei)	vada	*gehen Sie*	venga	*kommen Sie*

4. Sie haben in den bisherigen Lektionen diverse Ausdrücke kennengelernt, mit denen Sie Richtungs- und Ortsangaben formulieren können. Hier haben wir sie Ihnen noch einmal zusammengestellt:

a destra	*rechts*	davanti a	*vor*
a sinistra	*links*	di fronte a	*gegenüber*
dritto	*geradeaus*	vicino a	*in der Nähe von*
lontano da	*weit entfernt von*	vicino	*nah*
lontano	*weit*	dietro	*hinten*
davanti	*vorn*	dietro a	*hinter*

5. Und zum Schluß noch ein paar Ordnungszahlen:

primo, -a	*erste, -r, -s*	quarto, -a	*vierte, -r, -s*
secondo, -a	*zweite, -r, -s*	quinto, -a	*fünfte, -r, -s*
terzo, -a	*dritte, -r, -s*	sesto, -a	*sechste, -r, -s*

14 Übungen

1. Setzen Sie die fehlenden Befehlsformen ein:
a. ..... mi può dire dov'è il museo?
b. ..... sempre dritto.
c. Al semaforo ..... a destra.
d. ..... fino al terzo incrocio.
e. ..... a sinistra.
f. C'è un parco, lo ....
g. E' un po' lontano, ... un tassì.
h. Mario, ... questo signore al museo.
i. E' facile, ... l'autobus numero 18.

2. Formen Sie folgende Sätze mit der Befehlsform nach dem Muster um: *Vuole firmare qui? Firmi qui!*
a. Vuole venire a cena con noi?
b. Vuole provare i pantaloni?
c. Vuole pagare con la carta di credito?
d. Vuole attraversare il parco?
e. Vuole andare al cinema?
f. Vuole prendere un tassì?
g. Vuole seguire l'autobus?
h. Vuole assaggiare il pecorino?
i. Vuole partire in treno?
l. Vuole chiedere un'informazione?

3. Wiederholen Sie die Übung 2 in der Du-Form:
Vuoi firmare qui? *Firma qui!*

4. Suchen Sie das passende Wort für folgende Definitionen:
a. Un negozio dove si può comprare una guida. ..... (1)
b. Un negozio dove si può comprare la frutta. ..... (2)
c. Un negozio dove si può comprare un biglietto dell'autobus. ..... (3)
d. Un negozio dove si può comprare il formaggio. ..... (4)
e. A Roma c'è quello Vaticano. ..... (5)
f. Un locale *(Lokal)* dove si vede un film. ..... (6)
g. Un locale dove si sente la musica e c'è molto rumore. ..... (7)
h. Un locale dove si mangia. ..... (8)
i. Un locale dove si beve un cappuccino. ..... (9)
j. E' rosso, giallo e verde. ..... (10)

k. Il posto *(Ort)* dove si prende l'autobus. ..... (11)
l. Il posto dove si prende il tassì. ..... (12)
m. Il posto dove si prende il treno. ..... (13)
n. Il signor Winkler ha visitato quella di Santa Maria di Leuca. ..... (14)

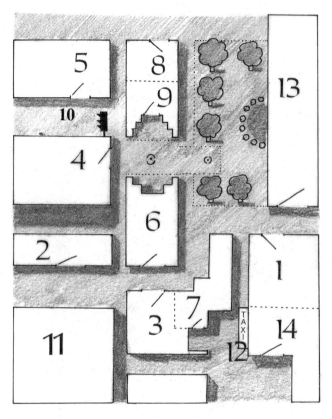

5. Hier sehen Sie einen Übersichtsplan vom Ferienort der Familie Winkler. Tragen Sie die numerierten Begriffe ein, die Sie in der Übung 4 gefunden haben. Dann beschreiben Sie jemandem, der Sie danach fragt, den schnellsten Weg von 5 bis 1, von 13 bis 11, von 2 bis 4, von 8 bis 12, von 5 bis 6, von 11 bis 8, von 14 bis 9, von 9 bis 7. Unseren Lösungsvorschlag finden Sie auf S. 134.

Lektion 15

Auch in Italien hat sich die Familienstruktur in den letzten Jahrzehnten entscheidend geändert. Die typische patriarchalische Großfamilie existiert kaum noch, die meisten Familien bestehen heute aus 3–4 Personen. Beide Eltern arbeiten in der Regel, daher stützen sie sich auf die Mithilfe der Großeltern, die ihrerseits immer bereit sind, auf die Kinder aufzupassen.

Fare una conoscenza al parco

Winkler: Posso sedermi?

Nonna: Prego, si accomodi!

Winkler: Ma che carino questo bambino! E' Suo nipote?

Nonna: Sì.

Winkler: Come si chiama?

Nonna: Luca.

Winkler: E quanti anni ha?

Nonna: Uno e mezzo. Parli piano, per favore. Sa, si è appena addormentato e, se non si riposa, il pomeriggio diventa nervoso e insopportabile!

Winkler: Ma se sembra così tranquillo!?

Nonna: Sì, quando dorme! Sa, mia figlia si alza presto la mattina per andare in negozio e lo lascia a me finché non ritorna dal lavoro.

Winkler: Eh, è fortunata Sua figlia ad avere una madre come Lei... Ma per Lei non è troppo faticoso?

Nonna: Bè, io non sono più così giovane e il bambino è molto vivace.... Però così mi sento utile. Sa, mio marito è morto qualche anno fa, così con il bambino non mi sento sola e non ho proprio il tempo di annoiarmi. E Lei, ha figli?

Winkler: Sì, ne ho due, ma sono già grandi. Mia moglie ed io ci siamo conosciuti a scuola e ci siamo sposati a vent'anni. Poi i figli sono cresciuti e così mia moglie ha deciso di lavorare a mezza giornata in un ufficio.

Neue Wörter und Ausdrücke

fare una conoscenza	jemanden kennenlernen, eine Bekanntschaft machen
posso sedermi	darf ich mich setzen
si accomodi	nehmen Sie Platz, setzen Sie sich
il bambino	das Kind
il/la nipote	das Enkelkind
come si chiama	wie heißt er/sie/es
uno e mezzo	eineinhalb
piano	leise
si è addormentato	er ist eingeschlafen
appena	gerade
si riposa	er ruht sich aus
diventa (-are)	er wird
nervoso, -a	nervös
insopportabile	unerträglich
sembra (-are)	(er) scheint
tranquillo, -a	ruhig

15

si alza	(sie) steht auf
presto	früh
la mattina	der Morgen, vormittags
lascia (-are)	(sie) läßt
a me	mir
finché	bis
dal lavoro	von der Arbeit
il lavoro	die Arbeit
la madre	die Mutter
faticoso, -a	anstrengend
più	mehr
giovane	jung
vivace	lebhaft
però	aber
mi sento	ich fühle mich
utile	nützlich
il marito	der Ehemann
è morto	(er) ist gestorben
qualche anno fa	vor einigen Jahren
ho il tempo di	ich habe die Zeit zu
annoiarmi	mich (zu) langweilen
ha figli	haben Sie Kinder
grande	groß
ci siamo conosciuti	wir haben uns kennengelernt
a scuola	in der Schule
ci siamo sposati	wir haben geheiratet
a venti anni	mit zwanzig (Jahren)
sono cresciuti	sie sind herangewachsen
crescere	wachsen
a mezza giornata	halbtags
l'ufficio	das Büro

Erklärungen

1. Im Text haben Sie folgende Sätze gelesen:

Mia figlia *si alza* presto la mattina.	*Meine Tochter steht morgens früh auf.*
Io *mi sento* utile.	*Ich fühle mich nützlich.*
Si accomodi!	*Setzen Sie sich! / Nehmen Sie Platz!*

Es handelt sich hier um rückbezügliche Verben, die daran zu erkennen sind, daß ihre Grundform durch angehängtes *si* = *sich* gekennzeichnet ist:

accomodarsi	*Platz nehmen, sich setzen*	riposarsi	*sich erholen, ausruhen*
annoiarsi	*sich langweilen*	sedersi	*sich setzen*
chiamarsi	*heißen*	sentirsi	*sich fühlen*
conoscersi	*sich kennenlernen*	sposarsi	*heiraten*

Die rückbezüglichen Fürwörter *mi, ti, si, ci, vi, si* stehen im Aussagesatz immer vor dem Verb:

sentirsi bene		*sich wohlfühlen*:
mi	sento bene	*ich fühle mich wohl*
ti	senti bene	*du fühlst dich wohl*
si	sente bene	*er/sie fühlt sich wohl*
si	sente bene	*Sie fühlen sich wohl*
ci	sentiamo bene	*wir fühlen uns wohl*
vi	sentite bene	*ihr fühlt euch wohl / Sie fühlen sich wohl*
si	sentono bene	*sie fühlen sich wohl*

2. Bei der Verneinung geht den obigen Formen *non* voraus, wobei das Fürwort zum Verb gehört:

Se *non si* riposa *Wenn er sich nicht ausruht,*
diventa nervoso. *wird er nervös.*

3. Die Vergangenheit dieser Verben wird, anders als im Deutschen, stets mit Hilfe von *essere* gebildet. Nachdem Sie die Verbklasse des gewünschten Verbs erkannt haben (z. B. sentir-si = -ire), können Sie die Grundform verändern: *sent-ito* (*vgl.* L. 9). Die Vergangenheitsform bilden Sie dann wie folgt:

a. Fürwort, z. B.:   *mi*
b. Hilfsverb essere: *sono*   } *ich habe mich gefühlt*
c. veränderte Grundform: *sentito, -a*

15 Achten Sie dabei stets auf die richtige Endung (*vgl.* L. 9):

Ci *siamo* conosciut**i** a scuola.	*Wir haben uns in der Schule kennengelernt.*
Ci *siamo* sposat**i**.	*Wir haben geheiratet.*
La nonna si è addormentat**a**.	*Die Großmutter ist eingeschlafen.*

4. Soll in einem Satz die Grundform dieser Verben verwendet werden, so hängen Sie das entsprechende Fürwort einfach an die Grundform an:

Non ho tempo di *riposarmi*.	*Ich habe keine Zeit mich auszuruhen.*
Posso *sedermi*?	*Darf ich mich hinsetzen?*
Abbiamo deciso di *sposarci*.	*Wir haben beschlossen zu heiraten.*

5. E' *Suo* nipote?   *Ist das Ihr Enkelkind?*
   E' fortunata *Sua* figlia!   *Ihre Tochter hat Glück!*

Sie haben in Lektion 3 *mio, mia = mein, -e* kennengelernt. Auch *Suo, Sua = Ihr, -e* richtet sich nach dem Hauptwort, auf das es sich bezieht.

6. *a venti anni (a vent'anni) = mit zwanzig* ist eine feste Redewendung. Ebenso heißt es z. B. *a trenta anni (a trent'anni), a quaranta anni, (a quarant'anni)* usw.

7. *qualche anno fa = vor einigen Jahren*. Achten Sie darauf, daß *fa* immer nachgestellt wird!

Übungen

1. Setzen Sie die fehlenden Wörter ein:

a. Posso .....?
b. Prego, ...!
c. Ma che carino questo .....! E' suo .....?
d. Quanti anni .....? Come .....?

e. Sì è ..... addormentato.
f. Se non ..... il pomeriggio, ... nervoso.
g. Mia figlia ..... presto.
h. Lo ..... a me.
i. Io non sono più così ..... e il bambino è molto ..... .
l. Mi sento ..... e non ho il tempo ..... annoiarmi.
m. Mia moglie e io ..... a scuola.
n. Ci ..... a venti anni.

2. Setzen Sie die richtige Form der Gegenwart ein:

a. Mio nipote (addormentarsi) ..... alle 17.00.
b. Mia figlia (alzarsi) ..... presto.
c. Noi (sedersi) ..... qui.
d. Le nonne (sentirsi) ..... utili quando hanno i nipoti.
e. Domani Mario e Luisa (sposarsi) ..... .
f. Tu e Valerio (conoscersi) .....?
g. Io (annoiarmi) ..... in discoteca.
h. Il nipote della signora (chiamarsi) ..... Luca.

3. Setzen Sie folgende Sätze in die Vergangenheit:

a. Scusi, ma noi ci sediamo qui.
b. Perché non si accomoda, Signora?
c. I turisti non si addormentano mai in spiaggia.
d. Daniel non si annoia in discoteca.
e. I Winkler non si alzano presto la mattina.
f. Voi vi sentite bene in vacanza?
g. Giovanni e Luisa si sposano a Otranto.
h. Silvia e Franziska si conoscono.

4. Setzen Sie *a, con, da, di, in, per* mit oder ohne *il, la, lo, i* oder *le* ein:

a. Mio marito è ..... Kassel.
b. Io sono ..... ufficio ..... 11.
c. Mio figlio va ..... scuola tutti i giorni ..... autobus.
d. Questa è la casa ..... signor Lolli.
e. La nonna è ..... parco ..... il nipote.
f. Vado ..... vacanza ..... Italia ..... macchina.
g. Stasera andiamo tutti ..... «Mario» ..... mangiare la pizza.
h. La figlia porta il bambino ..... nonna.

Lektion 16

Motorradfahren gehört zu den Lieblingsbeschäftigungen der italienischen Jugend. Eine „Vespa" oder ein Moped zu besitzen, ist der Traum aller Vierzehnjährigen, weil es für sie den ersten Schritt in die Unabhängigkeit bedeutet. Aber auch für Ältere bleibt das Motorrad eine unbezwingbare Leidenschaft. Daraus erklärt sich das Sprichwort: *donne e motori, gioie e dolori:* Frauen und Motoren, (das sind) Freuden und Schmerzen.

Sai guidare la moto?

Stefano: Daniel, ma tu hai la moto?

Daniel: No, i miei genitori non vogliono. Dicono che è troppo pericolosa e che io sono ancora troppo giovane. Sai, è la loro mentalità!

Stefano: Davvero? Che peccato! Io mi diverto moltissimo con i miei amici a girare in moto per la città. Facciamo anche tante gite in campagna! E poi con le ragazze si fa bella figura!

Daniel: E i tuoi genitori ti hanno comprato subito la moto? Non hai dovuto discutere con loro?

Stefano: Sì, ma poi si sono convinti. Se porti il casco non c'è mica tanto pericolo! Anzi, adesso poi gli fa comodo perché mio padre la usa quando ha fretta di andare da qualche parte.

Daniel: Invece io mi devo accontentare della mia bicicletta. Del resto dove vivo io il tempo non è così bello come qui e piove spesso. Se non fa caldo non è divertente andare in moto!

Stefano: Bè, hai ragione, ma ti do un consiglio! Perché non noleggi un motorino finchè sei qui in vacanza? Così impari a guidarlo e puoi venire con noi a fare qualche giro. Sai, in Italia la patente non è necessaria per il motorino!

Daniel: E i miei poi che cosa dicono?!

Stefano: Dai, allora sali che ti porto a fare un giro!

Neue Wörter und Ausdrücke

guidare	fahren, lenken
la moto	das Motorrad
i miei genitori	meine Eltern
pericoloso, -a	gefährlich
la loro mentalità	ihre Mentalität
mi diverto (-irsi)	ich amüsiere mich
moltissimo	sehr, unheimlich
i miei amici	meine Freunde
l'amico, -a	der Freund, die Freundin
girare in moto	mit dem Motorrad herumfahren
tanto, -a	so viel, -e
la gita	der Ausflug
in campagna	auf dem Land
la ragazza	das Mädchen
si fa bella figura	man macht einen guten Eindruck
i tuoi genitori	deine Eltern
subito	sofort
hai dovuto discutere	hast du diskutieren müssen
si sono convinti	sie haben sich überzeugen lassen
il casco	der Helm

16

il pericolo	die Gefahr
gli fa comodo	es kommt ihnen gelegen
il padre	der Vater
usare	benutzen
ha fretta di	(er) hat es eilig zu
da qualche parte	irgendwo(hin)
accontentarsi di	sich zufriedengeben mit
la bicicletta	das Fahrrad
del resto	außerdem, im übrigen
vivo (-ere)	ich lebe
il tempo è bello	das Wetter ist schön
piove	es regnet
fa caldo	es ist warm
divertente	lustig
hai ragione	(du) hast recht
ti do	ich gebe dir
il consiglio	der Rat
il motorino	das Moped
fare un giro	eine Runde drehen
la patente	der Führerschein
necessario, -a	notwendig
ma dai!	aber komm!
i miei	meine Eltern, meine Familie
sali! (-ire)	steig ein!/auf!
il fratello	der Bruder
la sorella	die Schwester

Erklärungen

1. Besitzanzeigende Fürwörter:

männlich			weiblich		
il mio	*mein*	i miei	la mia	*meine*	le mie
il tuo	*dein*	i tuoi	la tua	*deine*	le tue
il suo	*sein/ihr*	i suoi	la sua	*seine/ihre*	le sue
il Suo	*Ihr*	i suoi	la Sua	*Ihre*	le sue
il nostro	*unser*	i nostri	la nostra	*unsere*	le nostre
il vostro	*euer*	i vostri	la vostra	*eure*	le vostre
il loro	*ihr*	i loro	la loro	*ihre*	le loro

loro verändert sich nicht.

2. Im Gegensatz zum Deutschen steht beim besitzanzeigenden Fürwort im Italienischen stets der bestimmte Artikel *il, la, i* oder *le:*

Dov'è *la tua* moto?	*Wo ist dein Motorrad?*
Ecco *il mio* biglietto.	*Hier ist meine Fahrkarte.*
I miei pantaloni sono neri.	*Meine Hose ist schwarz.*
Le mie camicie sono rimaste a Otranto.	*Meine Hemden sind in Otranto geblieben.*

3. Vielleicht wundern Sie sich jetzt, da Sie auch *mio figlio, mia madre* (ohne Artikel) gefunden haben. Die Verwandtschaftsbezeichnungen in der Einzahl bilden tatsächlich die einzige Ausnahme:

mio figlio	*mein Sohn*	aber: *i miei* figli
mia figlia	*meine Tochter*	aber: *le mie* figlie
mio fratello	*mein Bruder*	aber: *i miei* fratelli
mia sorella	*meine Schwester*	aber: *le mie* sorelle
mia madre	*meine Mutter*	aber: *i miei* genitori
mio padre	*mein Vater*	
mia moglie	*meine Frau*	
mio marito	*mein Mann*	

loro ist unveränderlich und muß daher immer mit dem bestimmten Artikel gebraucht werden:

il loro padre	*ihr (Mehrz.) Vater*
la loro madre	*ihre (Mehrz.) Mutter*
le loro figlie	*ihre (Mehrz.) Töchter*

4. Beachten Sie den Gebrauch von *suo* und *sua*:

Maria ha una moto;	*Maria hat ein Motorrad;*
la sua moto è rossa.	*ihr Motorrad ist rot.*
Stefano ha una moto;	*Stefan hat ein Motorrad;*
la sua moto è verde.	*sein Motorrad ist grün.*
Dov'è *la Sua* moto, Signore?	*Wo ist Ihr Motorrad, mein Herr?*

5. *dare = geben* ist teilweise unregelmäßig:

(io)	do	(noi)	diamo
(tu)	dai	(voi)	date
(lui/lei)	dà	(loro)	danno

Dai! wird Ihnen in der Umgangssprache oft begegnen. Es bedeutet soviel wie „*Komm, mach schnell!*"

6. *Dai, sali! = Komm, steig ein!*

salire = einsteigen gehört zu den Verben, die bei den io- und loro-Formen (*salgo = ich steige ein; salgono = sie steigen ein*) ein **g** einfügen, ebenso wie *rimanere* (L. 12):

(io)	salgo	(noi)	saliamo
(tu)	sali	(voi)	salite
(lui/lei)	sale	(loro)	salgono

7. Hier noch eine Besonderheit in der Mehrzahlbildung:

| l'amico | *der Freund* | gli amici | *die Freunde* |
| l'amica | *die Freundin* | le amiche | *die Freundinnen* |

8. Wenn Sie in Italien *il mio amico* oder *la mia amica* hören, so ist dies meist im Sinn von *ein Freund von mir* bzw. *eine Freundin von mir* gemeint. Ist dagegen unter jungen Leuten von *il mio ragazzo* oder *la mia ragazza* die Rede, so bedeutet dies: *mein Freund* bzw. *meine Freundin* (vgl. L. 3, 3).

9. *Sai guidare la moto? = Kannst Du Motorrad fahren?*

sapere = wissen hat die Bedeutung von *können*, wenn es um eine angelernte Fähigkeit geht. Darum heißt es auch:

Sai l'inglese?   *Kannst Du Englisch?*

Übungen

1. Beantworten Sie folgende Fragen zum Text:
a. Perché Daniel non ha la moto?
b. Che cosa fa Stefano con i suoi amici?

c. Ha dovuto discutere con i suoi genitori?
d. Quando il padre di Stefano usa la moto?
e. Com'è il tempo dove vive Daniel?
f. Che cosa gli consiglia Stefano?
g. Che cosa fanno Stefano e Daniel?

2. Setzen Sie folgende Sätze in die Mehrzahl:
Mio figlio è a Roma. I miei figli sono a Roma.
a. La mia macchina è rossa.   b. Tuo fratello si alza tardi.
c. La nostra casa è grande.   d. Mia sorella è in vacanza in Italia.   e. La vostra gita è stata divertente.   f. La loro biciciletta è davanti al bar.   g. Suo nipote si riposa.

3. Entscheiden Sie, ob *suo, sua, suoi, sue* oder *loro* mit oder ohne *il, la, i* oder *le* eingefügt werden muß:
a. Signora, questa è ..... macchina?
b. Come si chiama ..... figlio?
c. Daniel e Franziska sono fratelli. ..... genitori sono a Roma.
d. I signori Lolli hanno un figlio. ..... figlio si chiama Filippo.
e. Stefano ha una moto. ..... moto è parcheggiata davanti al bar.
f. Franziska ha un'amica. ..... amica è di Milano.
g. I Winkler sono in vacanza. ..... casa è vicino al mare.

4. Dies ist die Familie Baldini:

Wer ist wie mit wem verwandt?

Giovanni è ..... di Luisa. Giovanni è ..... di Luciana. Luisa è ..... di Filippo. Alberto è ..... di Giovanni. Martina è ..... di Piero e Anna. Anna è ..... di Alberto. Luciana e Giorgio sono ..... di Filippo. Alberto è ..... di Anna e Piero. Piero è ..... di Luciana e Marco. Luciana è ..... di Giorgio. Martina è ..... di Alberto.

Lektion 17

Franziska schreibt an Stefano in Rom. Wenn Sie an Freunde schreiben, können Sie auch wie Franziska mit *Caro* ... /*Cara* ... (Liebe[r] ...) beginnen und mit *Tanti saluti* (viele Grüße) oder *Con affetto* (Herzlichst) aufhören. In einem formellen Schreiben verwenden Sie dagegen als Anrede *Gentile Signor* ..., bzw. *Gentile Signora* ..., (Sehr geehrter Herr ... bzw. Sehr geehrte Frau ...) und schließen mit *Distinti saluti* (Freundliche Grüße).

Denken Sie daran, daß man Briefmarken in Italien nicht nur bei der Post, sondern auch im Tabakwarengeschäft kaufen kann, was recht bequem ist, da die Postämter bereits um 14.00 Uhr schließen.

Una lettera

Roma, 25/8/1990

Caro Stefano,

come stai? Sono a Roma da una settimana e trovo solo adesso un po' di tempo libero per scriverti due righe. Roma è una città bellissima, più bella e più vivace di tutte le altre città italiane che ho visitato, ma capisco che abitare qui è certo difficile. Meglio fermarsi solo qualche giorno come turista! Con la macchina fotografica mi sono divertita a fare tante fotografie che ti farò vedere quando ci incontreremo la prossima volta. Hai promesso di venire a trovarmi a Kassel e spero che non ti dimenticherai. Sarò molto contenta se verrai a trovarmi, così avrò l'occasione di farti vedere la mia città. Mi sei molto simpatico perché sei un tipo allegro e hai un carattere aperto come me. Non mi piacciono le persone tristi e chiuse, sono proprio noiose.

Fra una settimana ritorneremo a Kassel, dove comincerò a lavorare all'ufficio informazioni turistiche della città. Sono

molto emozionata, perché è la mia prima esperienza di lavoro dopo la scuola, ma sono anche felice, perché questo lavoro mi permette di stare a contatto con la gente, e anche perché guadagnerò i primi soldi. Mi immagino già che cosa farò con il primo stipendio: cercherò un appartamento, così andrò a vivere sola. Alla mia età non si può più stare in famiglia, voglio essere indipendente. Non lo pensi anche tu?
Ti scriverò il più presto possibile, ma aspetto almeno una tua cartolina. Finisco qui, altrimenti non faccio in tempo a comprare i francobolli.
Ti saluto con affetto

Franziska

Neue Wörter und Ausdrücke

la lettera	der Brief
caro, -a	liebe(r)
con affetto	herzlichst
tanti saluti	viele Grüße
distinti saluti	freundliche Grüße
come stai? (-are)	wie geht es Dir?
trovare	finden
solo	erst
il tempo libero	die Freizeit
scrivere	schreiben
due righe	ein paar Zeilen
la riga	die Zeile
bellissimo, -a	sehr schön
più bello, -a	schöner
più vivace di	lebhafter als
abitare	wohnen
difficile	schwierig
meglio	besser
fermarsi	sich aufhalten
la macchina fotografica	die Kamera
fare fotografie	fotografieren
dimenticarsi	vergessen

17

sarò contento, -a	ich werde froh sein
verrai a trovarmi	du wirst mich besuchen (kommen)
avrò l'occasione di	ich werde Gelegenheit haben
mi sei simpatico	Du bist mir sympathisch
allegro, -a	fröhlich
il carattere	der Charakter
aperto, -a come me	offen wie ich
la persona	die Person
triste	traurig
noioso, -a	langweilig
fra una settimana	in einer Woche
ritorneremo	(wir) werden zurückkommen
comincerò (-are)	ich werde anfangen
l'ufficio informazioni turistiche	das Fremdenverkehrsbüro
emozionato, -a	aufgeregt
l'esperienza di lavoro	die Arbeitserfahrung
felice	glücklich
mi permette di	(es) erlaubt mir
stare a contatto con	in Kontakt bleiben mit
la gente	die Leute
guadagnerò (-are)	ich werde verdienen
i soldi	das Geld
mi immagino (-are)	ich stelle mir vor
farò	ich werde tun
lo stipendio	das Gehalt
cercherò (-are)	ich werde suchen
l'appartamento	die Wohnung
andrò	ich werde gehen
alla mia età	in meinem Alter
indipendente	unabhängig
pensare	denken
un mese	ein Monat
scriverò	ich werde schreiben
il più presto possibile	so schnell wie möglich
aspettare	warten
almeno	wenigstens, mindestens
la cartolina	die Postkarte
fare in tempo a	rechtzeitig es schaffen, zu
il francobollo	die Briefmarke
salutare	grüßen
la scarpa	der Schuh

Erklärungen

1. *Come stai? = Wie geht es dir?*
stai ist eine Form des Verbs *stare = sich befinden, bleiben*, das in der Gegenwart an *dare* erinnert (*vgl.* L. 16): *sto, stai, sta, stiamo, state, stanno*. Wie geht es Ihnen? heißt *Come sta?*, in der Mehrzahl *Come state?*

2. *come me = wie ich*. In Verbindungen wie z. B. mit *come* heißt *ich* nicht *io*, sondern *me*; ebenso nach *a, con, da, di, per:*

Per **me** Roma è bellissima.	*Für mich ist Rom sehr schön.*
Vieni con **me** al cinema?	*Kommst du ins Kino mit mir?*

Entsprechend wird *tu* zu *te*:

Vengo da **te** alle 17.	*Ich komme zu dir um 17 Uhr.*

Alle übrigen Personen bleiben unverändert:

Ecco la camera per voi.   *Hier ist das Zimmer für Euch/Sie.*
Ecco la chiave per Lei.   *Hier ist der Schlüssel für Sie.*

3. *Roma è bellissima = Rom ist sehr schön*. Sie können in diesem Fall sowohl *molto bello, -a* als auch *bellissimo, -a* sagen. Die Endung *-issimo, -a* läßt sich an alle Eigenschaftswörter anhängen, wobei deren letzter Buchstabe wegfällt:

felice	*glücklich*
molto felice = felicissimo	*sehr glücklich*
simpatico	*sympathisch*
molto simpatico = simpaticissimo	*sehr sympathisch*

4. *più bella* e *più vivace* di tutte le città che ...   *schöner und lebhafter als alle Städte, die ...*

Mit Hilfe von *più = mehr* lassen sich alle Eigenschaftswörter steigern, z. B.:

più facile	*einfacher*	più difficile	*schwieriger*
più bello,-a	*schöner*	più simpatico,-a	*sympathischer*

5. Dem deutschen *als* bei Vergleichen entspricht in den meisten Fällen *di*:

Roma è più bella **di** Otranto.	*Rom ist schöner als Otranto.*
Tu sei più giovane **di** me.	*Du bist jünger als ich.*

6. Zur Wiedergabe von Ausdrücken wie „in einer Woche", „in einem Monat", die einen zeitlichen Ablauf wiedergeben, verwendet man *fra*:

fra una settimana	*in einer Woche*
fra un mese	*in einem Monat*

7. Fra una settimana *ritornerò* a Kassel.   *In einer Woche werde ich nach Kassel zurückkehren.*

Die Zukunftsformen werden im Italienischen viel häufiger gebraucht als im Deutschen. Sie werden aus der Grundform gebildet, wobei die *-are*-Verben sich wie die *-ere*-Verben verhalten:

-are tornare *zurückkehren*	-ere scrivere *schreiben*	-ire finire *beenden*
torner-ò	scriver-ò	finir-ò
torner-ai	scriver-ai	finir-ai
torner-à	scriver-à	finir-à
torner-à	scriver-à	finir-à
torner-emo	scriver-emo	finir-emo
torner-ete	scriver-ete	finir-ete
torner-anno	scriver-anno	finir-anno

Verben mit unregelmäßigen Zukunftsformen sind:

avere *haben*		**essere** *sein*		**andare** *gehen*	
avrò	avremo	sarò	saremo	andrò	andremo
avrai	avrete	sarai	sarete	andrai	andrete
avrà	avranno	sarà	saranno	andrà	andranno
fare *tun, machen:* farò, farai, farà, faremo, usw.					
venire *kommen:* verrò, verrai, verrà, verremo, usw.					

Bei Verben wie *dimenticare* = *vergessen*, *cercare* = *suchen* wird vor der Endung ein *h* eingefügt: dimenti*ch*erò, dimenti*ch*erai usw., cer*ch*erò, cer*ch*erai usw. Verben wie *cominciare*, *mangiare* verlieren dagegen das *i* vor der Endung: comin*c*erò, comin*c*erai usw., man*g*erò, man*g*erai usw.

Übungen

1. Formen Sie folgende Sätze nach dem Muster um:
Roma è bella. Roma è bellissima.

a. L'italiano è facile. b. I ragazzi sono simpatici. c. Siamo felici di vedervi. d. Tu sei giovane. e. Il mio appartamento è grande. f. Fa caldo. g. Le scarpe (*Schuhe*) sono care. h. La pizza è buona.

2. Vervollständigen Sie folgende Sätze mit der richtigen Zukunftsform:

a. Fra una settimana (noi-ritornare) in Germania. b. Quando mi (tu-scrivere)? c. Dove (voi-abitare) a Otranto? d. Quando (tu-partire) per Kassel? e. (io-guadagnare) molti soldi. f. Silvia e Stefano (prendere) il treno per Kassel. g. Franziska (lavorare) all'ufficio informazioni di Kassel. h. (noi-mettere) la moto davanti al bar. i. (io) non ti (capire) mai!

3. Setzen Sie folgende Sätze in die Zukunft:

a. Comincio un nuovo lavoro. b. Non dimentichiamo gli amici. c. Vado in vacanza in Germania. d. Loro vengono a trovarci. e. Sono contenta di vederti! f. Faccio molte fotografie a Roma. g. Vengo da te alle 17.

4. Setzen Sie die fehlenden Fürwörter ein:

a. Vado al cinema, vieni con .....? b. Venite, ecco la camera per ..... . c. Venite a cena da ...... Mia moglie e io vi aspettiamo. d. Per ..... hai ragione tu. e. Hai un carattere aperto come ..... . f. Vai in discoteca? Posso venire con .....? g. I ragazzi vanno al ristorante e io vado con ..... .

Lektion 18

In Italien können Sie bei einer Zimmerreservierung unter drei Möglichkeiten wählen: *una camera singola* (Einzelzimmer), *una camera doppia* (Zweibettzimmer) und *una camera matrimoniale* (Doppelzimmer mit Ehebett). Die Familie Winkler hat im Hotel Miramare *una camera matrimoniale* und *una camera doppia* bestellt. Heute geht Herr Winkler an die Rezeption, um einiges zu klären.

All'hotel

Winkler: Senta, abbia pazienza, abbiamo qualche problema in camera.

Receptionist: Mi dica.

Winkler: Lo scarico della doccia è intasato e l'acqua non scorre più.

Receptionist: Non si preoccupi, Le assicuro che entro stasera sarà tutto a posto.

Winkler: Come stasera?! Sia gentile, faccia venire subito un idraulico, altrimenti come ci laviamo?

Receptionist: Guardi, non insista. Farò il possibile, ma non dipende da me... Aspetti che guardo se c'è Roberto... Robe'!... Robe'!...
Roberto, senti, per piacere, vai immediatamente nella camera 38 e controlla lo scarico della doccia.

Roberto: No, adesso assolutamente non posso. Non avere sempre tanta fretta, ho solo due mani! Devo andare in paese, però non chiamare l'idraulico, ci penso io quando ritorno.

Receptionist: Vede anche Lei, signore, ... Ma stia tranquillo.

Winkler: Be', mi dia almeno la chiave della camera dei miei figli, così posso farmi la doccia in santa pace. Loro sono già usciti.
Ma non è tutto. Faccia il piacere di dire a quelli della camera sopra la nostra di non camminare con gli zoccoli, specialmente di notte. Fanno un rumore incredibile, non si riesce a chiudere occhio!

Receptionist: Certamente, signore. Riferirò.

Neue Wörter und Ausdrücke

la camera singola	das Einbettzimmer
la camera doppia	das Zweibettzimmer
la (camera) matrimoniale	das Doppelzimmer (m. französ. Bett)
abbia pazienza	haben Sie Geduld
il problema (*Mehrz.:* -i)	das Problem
mi dica	sagen Sie mir / ich höre zu
lo scarico	der Abfluß

18

la doccia	die Dusche
intasato, -a	verstopft
non scorre più	fließt nicht mehr ab
non si preoccupi (-arsi)	machen Sie sich keine Sorgen
Le assicuro (-are)	ich versichere Ihnen
entro	innerhalb, bis
sia gentile	seien Sie nett
faccia venire	lassen Sie kommen
un idraulico	ein Klempner
ci laviamo (-arsi)	wir waschen uns
guardi	schauen Sie
non insista (-ere)	bestehen Sie nicht darauf
non dipende da me	es hängt nicht von mir ab
dipendere da	abhängen von
farò	ich werde tun
immediatamente	sofort
controlla (-are)	schau nach
assolutamente	überhaupt, absolut
sempre	immer
le mani (*Einz.:* la mano)	die Hände
il paese	das Dorf
non chiamare	rufe nicht an
ci penso io (-are)	ich denke daran = ich erledige es
stia tranquillo	seien Sie unbesorgt
be' (bene)	gut
la chiave	der Schlüssel
in santa pace	in (heiligem) Frieden
sono già usciti (-ire)	(sie) sind schon ausgegangen
faccia il piacere di	tun Sie mir den Gefallen, zu
sopra	über, oberhalb
camminare	laufen
gli zoccoli	die Holzschuhe
specialmente	besonders
di notte	nachts
incredibile	unglaublich
si riesce a	es gelingt einem zu, man kann
chiudere	schließen
l'occhio	das Auge
certamente	sicher
riferirò (-ire)	ich werde es weitersagen
il programma	das Programm
il telegramma	das Telegramm

Erklärungen

1. Nicht alles in einer Sprache ist logisch! Verlieren Sie daher nicht die Geduld, wenn Ihnen folgende Hauptwörter begegnen:

il problema endet auf *-a*, ist aber männlich. In der Mehrzahl verhält es sich wie alle anderen männlichen Hauptwörter und endet auf *-i: i problemi*. Genauso auch *il telegramma, i telegrammi* (*das Telegramm*), *il programma, i programmi* (*das Programm*). Dagegen ist *la mano* (*die Hand*) weiblich, und die Mehrzahl lautet: *le mani*.

2. Das Verb *fare* in Verbindung mit der Grundform eines anderen Verbs entspricht dem deutschen *lassen*:

Faccia venire l'idraulico!	*Lassen Sie den Klempner kommen!*
Fa' riparare la doccia!	*Laß die Dusche reparieren!*

3. *Faccia = machen, tun Sie! Fa' = mach, tu!* sind unregelmäßige Befehlsformen des Verbs *fare*. Im Text haben Sie noch weitere unregelmäßige Befehlsformen kennengelernt:

abbia	*haben Sie!*	abbi	*hab!*
dia	*geben Sie!*	da'	*gib!*
dica	*sagen Sie!*	di'	*sag!*
sia	*seien Sie!*	sii	*sei!*
stia	*bleiben Sie!*	sta'	*bleib!*

4. Non insista!   *Bestehen Sie nicht darauf!*
   Non si preoccupi!   *Machen Sie sich keine Sorgen!*

Die Verneinung der Befehlsform erfolgt wie üblich durch *non* vor dem Verb. Eine Besonderheit liegt in der Du-Form: sie wird mit **non** + **Grundform** gebildet.

Non **avere** sempre fretta!	*Hab es nicht immer so eilig!*
Non **chiamare** l'idraulico!	*Ruf den Klempner nicht an!*

5. Dabei können Sie sich gleich noch merken, daß *chiamare* = *rufen* auch die Bedeutung von *anrufen* (*telefonare*) hat:

Ti chiamo domani.	
oder: Ti telefono domani.	*Ich rufe Dich morgen an.*

6. *Ci penso io*, wörtl.: *ich denke daran*, wird häufig als feste Redewendung im Sinne von: *ich mache es, ich kümmere mich darum, das erledige ich* verwendet.

7. *Sono già usciti* = *sie sind schon ausgegangen*. Das Verb *uscire* = *ausgehen* ist in der Gegenwart unregelmäßig:

(io)	esco	(noi)	usciamo
(tu)	esci	(voi)	uscite
(lui/lei)	esce	(loro)	escono

8. *Di notte* = *nachts*. Entsprechend heißt *di giorno* = *tagsüber*, *di mattina* = *morgens*, *di sera* = *abends*.

Übungen

1. Setzen Sie die fehlenden Wörter ein:
a. Senta, ... pazienza!
b. Abbiamo qualche ..... in camera.
c. Lo scarico della ..... è intasato.
d. Non ....., Le assicuro che ..... stasera sarà a posto.
e. ..... gentile!
f. ..... venire subito un idraulico.
g. No, non posso. Non ..... sempre tanta fretta.
h. Ho solo due ..... .
i. Non ..... l'idraulico.
j. ..... penso io quando ritorno.
k. ..... il piacere di dire di non ..... con gli zoccoli.
l. Non si ..... a chiudere occhio.

2. Bilden Sie die Befehlsformen nach dem Muster:
Può chiamare l'idraulico? – Chiami l'idraulico!
a. Può venire subito?
b. Può dare la chiave 40 al sig. Rossi?

c. Può fare una telefonata per me?
d. Può avere ancora un po' di pazienza?
e. Può essere così gentile?
f. Può andare a comprare il giornale?
g. Può stare qui un momento?
h. Può dire a Roberto di riparare la doccia?
i. Può controllare lo scarico?
j. Può mettere la macchina in garage?

3. Wiederholen Sie die Übung 2 und verneinen Sie die Antwort nach dem Muster:
Può chiamare l'idraulico? – *Non chiami l'idraulico!*

4. Bilden Sie die Befehlsformen nach dem Muster:
Puoi chiamare Mario? – *Chiama Mario!*
a. Puoi dire al sig. Winkler di venire subito?
b. Puoi fare un giro in paese?
c. Puoi stare tranquillo due minuti?
d. Puoi fare la doccia?
e. Puoi andare al cinema stasera?
f. Puoi avere pazienza un momento?
g. Puoi chiudere la finestra?
h. Puoi venire subito qui?
i. Puoi dare a mio figlio il tuo indirizzo?
j. Puoi essere più gentile con i bambini?
k. Puoi comprare il biglietto per me?

5. Wiederholen Sie die Übung 4 und verneinen Sie die Antwort nach dem Muster:
Puoi chiamare Mario? – *Non chiamare Mario!*

6. Finden Sie die richtige Bezeichnung für folgende Definitionen:
a. Una persona che ripara la doccia = *l'idraulico*
b. Una persona che lavora in un ristorante =
c. Ne abbiamo due per scrivere =
d. Ne abbiamo due per vedere =
e. Si scrive agli amici per salutarli quando si è in vacanza =
f. Lo guadagna chi lavora =
g. Si mette sulla lettera =
h. Si mette per andare in moto =
i. E' necessaria per aprire la camera dell'albergo =

Lektion 19

Jemanden zum Essen einzuladen, gehört besonders in Italien nicht nur zu den gesellschaftlichen Pflichtübungen, sondern zu den Dingen, die das Leben verschönern. Eingeladen zu werden bedeutet nicht etwa, sich gut anziehen oder verpflichtet fühlen zu müssen, ein Geschenk mitzubringen, sondern es ist eine angenehme Gelegenheit des Zusammenseins. Der Gast freut sich, neue Gerichte kennenzulernen, und dem Gastgeber macht es Spaß, sein kulinarisches Können unter Beweis zu stellen.

Seit einigen Jahren gibt es auch in Italien Tendenzen für eine bewußtere Ernährung, denen die Entstehung zahlreicher Bioläden (*il negozio macrobiotico*) zu verdanken ist. Schon fast jeder Bäcker bietet neben dem üblichen Weißbrot (*il pane*) auch *pane integrale*, eine Art Vollkornbrot, an.

Un invito 19

Tommaso Manfredi: E' stato gentile da parte Sua venire fin qui a portare questo pacchetto. Ma Lei come mai conosce il signor Becker? E' un Suo collega?

Winkler: No, giochiamo insieme a tennis e mi ha parlato spesso della casa che ha comprato qui. Così, quando gli ho raccontato che volevo venire in vacanza da queste parti, mi ha chiesto se per favore potevo portarLe una cosa ed io ho detto di sì.

Manfredi: Si ferma ancora per qualche giorno?

Winkler: Sì, sono qui con la mia famiglia. Abbiamo preso in affitto una villetta vicino al mare e rimarremo fino a domenica prossima.

Manfredi: E come vi siete trovati in Italia?

Winkler: Ah, benissimo! In Italia si vive proprio bene.
– – Perché, Lei non La pensa come me?

Manfredi: No, no! Sono d'accordo con Lei, anche se qualche volta i problemi non mancano! Senta, mia moglie ed io saremmo felici di averLa da noi a cena con la Sua famiglia. Sa, mia moglie cucina benissimo.

Winkler: La ringrazio tanto dell'invito, ma non vorrei disturbare. Sa, siamo in quattro.

Manfredi: Si figuri! Le andrebbe bene domani?

Winkler: Sì, volentieri, ma avremmo un piccolo problema. Mia moglie è vegetariana!

Manfredi: Ha fatto bene a dirlo subito, ma anche a noi piace molto la cucina macrobiotica. Allora facciamo alle 20.00 domani?

Winkler: Preferirei alle 20.30.

Manfredi: D'accordo, a domani!

19 Neue Wörter und Ausdrücke

da parte Sua	von Ihnen
fin qui	bis hierher
portare	bringen
il pacchetto	das Paket
conoscere	kennen
il collega	der Kollege
giocare a tennis	Tennis spielen
parlare di	sprechen über
raccontare	erzählen
volevo	ich wollte
da queste parti	in diese(r) Gegend
ha chiesto	er/sie hat gefragt
chiedere	fragen
potevo	ich konnte
una cosa	etwas (eine Sache)
ho detto	ich habe gesagt
dire di sì	Ja sagen
fermarsi	sich aufhalten
abbiamo preso	wir haben genommen
prendere in affitto	mieten
rimarremo	wir werden bleiben
domenica	Sonntag
vi siete trovati bene?	hatten Sie eine schöne Zeit?
Lei non La pensa come me?	Stimmen Sie mir nicht zu?
sono d'accordo	ich bin einverstanden
qualche volta	manchmal
mancare	fehlen
saremmo felici	wir würden uns freuen
cucinare	kochen
La ringrazio di	ich danke Ihnen für
vorrei	ich möchte
disturbare	stören
si figuri	keineswegs
Le andrebbe bene	würde Ihnen (gut) passen
domani	morgen
avremmo	wir hätten
la cucina macrobiotica	vegetarische Kost
facciamo alle otto	paßt es Ihnen um acht
preferirei	ich würde vorziehen
a domani	bis morgen

Erklärungen

1. Die Wochentage:

lunedì	*Montag*	venerdì	*Freitag*
martedì	*Dienstag*	sabato	*Samstag*
mercoledì	*Mittwoch*	domenica	*Sonntag*
giovedì	*Donnerstag*		

Die Angabe *am Montag, am Dienstag* usw. wird im Italienischen einfach durch *lunedì, martedì* etc. wiedergegeben:

Vengo venerdì alle cinque.   *Ich komme am Freitag um fünf.*

Bis Montag!, Bis Dienstag! usw. heißt dagegen: *A lunedì!, A martedì!*

2. **Preferirei** venire alle 20.30.   *Ich würde lieber um 20.30 Uhr kommen.*

Diese Form, die dem deutschen *würde* + *Grundform* des Verbs entspricht *(Bedingungsform)*, verwendet man, um einen Wunsch, eine Bitte zu äußern oder um sich besonders höflich auszudrücken:

Le andrebbe di venire alle 20.00?   *Würde es Ihnen passen, um 20 Uhr zu kommen?*

Aus der jeweiligen Grundform können Sie diese Formen folgendermaßen bilden:

-are	-ere	-ire
lavor-ere-i	prend-ere-i	prefer-ire-i
ich würde arbeiten	*ich würde nehmen*	*ich würde vorziehen*
lavorere-sti	prendere-sti	preferire-sti
lavorere-bbe	prendere-bbe	preferire-bbe
lavorere-mmo	prendere-mmo	preferire-mmo
lavorere-ste	prendere-ste	preferire-ste
lavorere-bbero	prendere-bbero	preferire-bbero

Ist Ihnen aufgefallen, daß es eigentlich genügt, an die Grundform die Endungen *-i, -sti,* usw. anzuhängen? Nur bei der Grundform der Verben auf *-are* ist anzumerken, daß sie sich den *-ere*-Verben anpaßt (*vgl.* L. 17, 7).

19 Erinnern Sie sich noch an die Besonderheiten der Verben auf *-care, -gare* und auf *-ciare, -giare*? Wenn nicht, schauen Sie noch einmal in L. 17 nach, denn für die Bedingungsform gelten dieselben Regeln:

| Gio**ch**erei a tennis con te, ma non ho tempo. | Ich würde mit dir Tennis spielen, aber ich habe keine Zeit. |

3.

Saremmo felici ...	*Wir wären sehr glücklich (wir würden uns freuen) ...*
Le *andrebbe* bene domani?	*Würde es Ihnen morgen passen?*
Avremmo un piccolo problema	*Wir hätten ein kleines Problem*
Non *vorrei* disturbare	*Ich möchte nicht stören*

Wie Sie aus dem Text ersehen, gibt es leider eine Reihe von Verben, bei denen auch die Bedingungsform unregelmäßig gebildet wird. Wir raten Ihnen, sich diese Formen gut einzuprägen, da sie häufig vorkommen:

andare	avere	essere	volere
andrei	avrei	sarei	vorrei
ich würde gehen	*ich hätte*	*ich wäre*	*ich möchte*
andresti	avresti	saresti	vorresti
andrebbe	avrebbe	sarebbe	vorrebbe
andremmo	avremmo	saremmo	vorremmo
andreste	avreste	sareste	vorreste
andrebbero	avrebbero	sarebbero	vorrebbero

Zum Schluß noch zwei zusätzliche wichtige Verben:

farei, faresti, farebbe, faremmo, fareste, farebbero
(*ich würde machen/tun*)
verrei, verresti, verrebbe, verremmo, verreste, verrebbero
(*ich würde kommen*)

4. Il signor Becker è un Suo collega? — *Ist Herr Becker ein Kollege von Ihnen?*

il collega steht für einen männlichen Kollegen, *la collega* für eine Kollegin, wie Sie dies auch von *autista, turista* aus der Lektion 6 her kennen.

Übungen

1. Bilden Sie die passende Bedingungsform (wenn Sie sich nicht sicher sind, üben Sie am besten vorher sämtliche Formen nach dem Schema auf S. 119):

a. (io-desiderare) prendere in affitto una villetta in un villaggio turistico. b. (noi-mangiare) volentieri al ristorante. c. (tu-giocare) a tennis con me? d. (loro-usare) l'auto, ma non sanno guidare. e. (Lei-cucinare) per noi? f. (voi-aiutare) Mario a portare il pacchetto? g. (tu-chiudere) la finestra? h. (io-fare) la dieta, ma non ho pazienza. i. (noi-venire) volentieri, ma Maria deve lavorare. k. (io-essere) contento di vederti. l. Le (piacere) rimanere ancora qualche giorno, signora?

2. Drücken Sie nach dem Muster folgende Sätze höflicher aus: Voglio una pizza. *Vorrei una pizza.*

a. Le va bene domani sera?
b. Vieni al cinema con me?
c. Vengo da te domenica, se non ti dispiace.
d. Mi fa un piacere?
e. Vogliamo un gelato.
f. Signore, mi aiuta a salire, per favore?
g. Mi offri un caffè?
h. Mi scrivete una lettera?
i. Non voglio disturbare.

3. Stellen Sie sich vor, Sie hätten plötzlich eine Erbschaft gemacht. Was würden Sie tun? Fangen Sie mit folgenden Verben an und lassen Sie sich von Ihrer Phantasie vorantreiben:

andare, comprare, partire, arrivare, visitare, mangiare, piacere, conoscere, portare, fare...

4. Erinnern Sie sich an das „Gegenteil" der folgenden Verben? z. B. *cominciare – finire:*

scrivere –	comprare –	mangiare –
fermarsi –	alzarsi –	annoiarsi –
chiudere –	sentire –	entrare –
divertirsi –	partire –	andare –

Lektion 20

Sie sind fast am Ende des Kurses angelangt und können sich gratulieren! Wenn Sie noch ein ganz klein wenig Geduld aufbringen, haben Sie es geschafft! Bis jetzt wurden Sie fast ausschließlich mit der gesprochenen Sprache konfrontiert, und wir sind überzeugt, daß Sie im italienischen Alltag ausgezeichnet zurechtkommen werden. Der folgende Text ist die gekürzte Fassung eines Zeitungsartikels; denn auch mit dieser Art von Texten möchten wir Sie vertraut machen. Übrigens können Sie dabei noch etwas über die Geschichte der italienischen Sprache erfahren.

L'italiano e i suoi dialetti 20

Gli stranieri dicono che l'italiano è una lingua bella e musicale, ma molti di loro non sanno che fino alla metà del secolo scorso l'italiano esisteva solo come lingua scritta. La gente in realtà parlava solo il dialetto.
Solo dopo l'unità d'Italia, nel 1861, c'è stata una riforma del sistema scolastico. Tutti i bambini hanno dovuto frequentare la scuola e pian piano hanno cominciato ad imparare l'italiano. Ma ancora dopo la seconda guerra mondiale l'80% della popolazione usava esclusivamente il dialetto.
Ancora oggi esiste una grande varietà di dialetti, così diversi da regione a regione che una persona del Piemonte, per esempio, non capisce il dialetto di Ancona, per non dire poi quello di Palermo, e viceversa.
Sicuramente in questi ultimi anni la situazione è cambiata anche grazie alla televisione, alla radio e ai giornali. Ma il dialetto non è scomparso! In alcune zone dell'Italia si preferisce ancora il dialetto per parlare con la famiglia e con gli amici.
Mentre negli anni '60 e '70 chi parlava il dialetto era considerato come una persona di poca cultura, oggi, invece, c'è una riscoperta del dialetto come espressione di una identità culturale che non si vuole perdere.

Neue Wörter und Ausdrücke

il dialetto	der Dialekt
la lingua	die Sprache
musicale	musikalisch
la metà	die Hälfte
il secolo	das Jahrhundert
scorso	vergangene, -r, -s
esisteva (-ere)	existierte
come	als
la lingua scritta	die geschriebene Sprache
in realtà	in Wirklichkeit

20

parlava	sprach
l'unità	die Einigung
la riforma	die Reform
il sistema scolastico	das Schulsystem
hanno dovuto frequentare	haben besuchen müssen
pian piano	sehr langsam
la seconda guerra mondiale	der 2. Weltkrieg
l'80% (per cento)	80% (Prozent)
la popolazione	die Bevölkerung
usava (-are)	benutzte
esclusivamente	ausschließlich
diverso, -a	verschieden, unterschiedlich
la regione	die Region
da regione a regione	von Region zu Region
per esempio	zum Beispiel
per non dire poi	um nicht zu erwähnen
quello	den
viceversa	umgekehrt
sicuramente	sicher
la situazione	die Situation
è cambiata	hat sich geändert
grazie a	dank
la televisione	das Fernsehen
la radio	das Radio
il giornale	die Tageszeitung
è scomparso	(es) ist verschwunden
la zona	die Gegend
mentre	während
negli anni '60 e '70	in den 60er und 70er Jahren
era considerato	wurde betrachtet
di poca cultura	kaum gebildet
la cultura	die Kultur
la riscoperta	die Wiederentdeckung
l'espressione *(weibl.)*	der Ausdruck
l'identità	die Identität
culturale	kulturell
perdere	verlieren

Erklärungen

1. *il sistema = das System* gehört zu den männlichen Hauptwörtern auf *-a*, welche die Mehrzahl auf *-i* bilden (*vgl.* L. 18).
la radio = das Radio ist im Italienischen weiblich; die Mehrzahl lautet: *le radio*.

2. **Nel** 1861 c'è stata l'unità d'Italia.   *(im Jahre) 1861 hat die Einigung Italiens stattgefunden.*

Im Italienischen kann eine Jahresangabe nicht ohne **nel** = *in + Artikel* erfolgen (*vgl.* L. 10).

3. L'italiano esisteva solo come lingua scritta.   *Italienisch existierte nur als geschriebene Sprache.*
La gente parlava il dialetto.   *Die Leute sprachen Dialekt.*

Hier lernen Sie noch eine Möglichkeit kennen, um die Vergangenheit auszudrücken. Sie wird ausschließlich verwendet, um einen Zustand von einer gewissen Dauer in der Vergangenheit wiederzugeben. Die andere Vergangenheitsform, die Sie schon kennen (*vgl.* L. 9), wird dagegen verwendet, um Ereignisse bzw. neu eintretende Handlungen in der Vergangenheit zu schildern.

Die Formen der hier vorgestellten Vergangenheit, die im Italienischen *Imperfetto* (*Imperfekt*) heißt, lassen sich wie folgt aus der Grundform ableiten:

parl-are	esist-ere	fin-ire
parl-avo	esist-evo	fin-ivo
ich sprach	*ich existierte*	*ich beendete*
parl-avi	esist-evi	fin-ivi
parl-ava	esist-eva	fin-iva
parl-avamo	esist-evamo	fin-ivamo
parl-avate	esist-evate	fin-ivate
parl-avano	esist-evano	fin-ivano

Achten Sie dabei auf die Betonung, die sich bei der *noi*- und *voi*-Form verschiebt.

20 Die Imperfektformen von *essere* sind unregelmäßig:

ẹro	ich war	eravamo	wir waren
eri	du warst	eravate	ihr wart
era	er/sie war; Sie waren	ẹrano	sie waren

4. *molto* = *viel*, *poco* = *wenig* verhalten sich wie alle anderen Eigenschaftswörter auf *-o, -a*:

molti italiani	viele Italiener	pochi italiani	wenige Italiener
molta sete	viel Durst	poca sete	wenig Durst
molto appetito	viel Appetit	poco appetito	wenig Appetit
molte signore	viele Frauen	poche signore	wenige Frauen

molto in der Bedeutung von *sehr* ist unveränderlich:

L' Italia è *molto* bella.	Italien ist sehr schön.
I giornali sono *molto* interessanti.	Die Zeitungen sind sehr interessant.

Übungen

1. Übersetzen Sie folgenden Text ins Italienische:

Als ich jung war, hatte ich viele Freunde. Wir gingen immer zusammen ins Kino, weil wir uns sehr (dabei) amüsierten. Manchmal sahen wir zwei Filme hintereinander (*uno dopo l'altro*). Einige Jahre danach bin ich nach Rom gegangen, weil ich dort studieren wollte. Am Anfang hatte ich viele Probleme, weil ich niemanden kannte, später aber habe ich ein nettes Mädchen kennengelernt, das auch sehr gern ins Kino ging. Nach vielen Filmen wurde sie meine Frau.

2. Testen Sie zum Schluß Ihre Kenntnisse in den Verbformen. In dieser Übung kommen alle Zeiten vor, die Sie kennengelernt haben.

a. Oggi (io-andare) al cinema.
b. Domani (noi-giocare) a tennis.

c. Mia moglie e io (conoscersi) venti anni fa alla fermata dell'autobus.
d. Alla metà del secolo l'80% della popolazione (usare) il dialetto.
e. Il signor Becker mi (chiedere) una settimana fa di portarLe questo pacchetto.
f. Scusi, (io-potere) sedermi? Prego, (Lei-accomodarsi).
g. Scusi, dov'è la stazione? (Lei-andare) dritto, (girare) a destra, (continuare) cento metri e (attraversare) la piazza e lì c'è la stazione.
h. (io-volere) due etti di prosciutto.
i. Mi (piacere) le persone simpatiche come te.
l. Ieri (noi-trovare) il museo chiuso.
m. Senta, mi (fare) un piacere: (Lei-dire) ai signori di non fare rumore.
n. Ieri (io-cominciare) questo libro e oggi lo (finire) già.
o. Quando (tu-andare) in Italia? La prossima settimana?

3. Allerletzter Test: Wie steht es mit *a, con, da, di, in, per*?

a. Si ferma ancora ..... qualche giorno?
b. Fino ..... metà ..... secolo scorso la gente parlava solo il dialetto.
c. Sarei felice ..... averti ..... noi a cena.
d. Sono d'accordo ..... Lei!
e. ..... che ora parte il treno ..... Bari?
f. ..... 12.00.
g. La chiesa è vicino ..... parco.
h. L'hotel è lontano ..... stazione.
i. Mi piace stare ..... contatto ..... gente.
l. Faccio ..... tempo ..... andare ..... fruttivendolo?
m. Mi dà un etto ..... salame e un litro ..... latte?
n. Non ho mai tempo ..... parlare italiano ..... nessuno.
o. Siamo ..... quattro. C'è un tavolo libero?

Schlüssel zu den Übungen

Lektion 1

1. a) è; b) sono; c) sono; d) è; e) siamo; f) siete; g) siamo.
2. a) con; b) a; c) in, per; d) di.
3. Waagerecht: 2. benvenuto, 6. piacere, 7. giorno, 8. bene.

Senkrecht: 1. qui, 2. buon, 3. volta, 4. prego, 5. venite, 6. prima.

Lektion 2

1. a) c'è, c'è; b) c'è; c) ci sono; d) c'è; e) c'è.
2. b) le camere; c) i bagni; d) i soggiorni; e) le case; f) le terrazze; g) i giorni.
3. a) questa; b) che; c) che cosa; d) ci sono; e) proprio, mi piace; f) tutto; g) tutto.
4. 1. il soggiorno, 2. la camera da letto, 3. la camera per i ragazzi, 4. la cucina, 5. il bagno, 6. la terrazza.

Lektion 3

1. a) avete; b) abbiamo; c) ho; d) ho; e) ha; f) abbiamo; g) hai.
2. a) la; b) il; c) il; d) la; e) i; f) la; g) le; h) la; i) le; l) la.
3. una, un', un', un.
4. Waagerecht: 3. carina, 5. figlio, 6. ci sono, 7. questo, 8. buonasera, 11. in ordine, 12. sete, 13. grazie, 14. buone vacanze.

Senkrecht: 1. moglie, 2. che cosa, 4. accomodatevi, 5. figlia, 9. ragazzi, 10. invece.

Lektion 4

1. a) ultima; b) verde, rossa; c) nuova; d) italiana; e) interessante, internazionali; f) francese, austriaco; g) gentile.
2. a) il; b) la; c) l'; d) lo; e) la; f) la; g) il; h) l'; i) l'; l) la; m) il; n) l'.
3. b) le camere da letto, c) gli ospiti, d) gli studenti, e) le signore, f) le case, g) i signori, h) le italiane, i) le aranciate, l) le grappe, m) i bagnini, n) gli italiani.

4. a) Le cabine sono rosse. b) I bagni sono piccoli. c) Le case sono carine. d) Le famiglie sono francesi. e) I bagnini sono gentili. f) Le signore sono nuove qui. g) Gli studenti sono italiani. h) Noi siamo italiani. i) Noi siamo nuove qui.

5. a) Di dove sei (tu)? – Sono di Roma. b) Di dove siete (voi)? – Siamo di Milano. c) Di dove sono i signori Winkler? – Sono di Kassel. d) Di dove è la famiglia francese? – E' di Parigi. e) Di dov'è lo studente austricao? – E' di Vienna.

Lektion 5

1. a) straniero; b) tedesco; c) gli stranieri, i pasti; d) se, stanchi; e) chi, meno; f) invece, un po' di.

2. a) desideri – desidero; b) desiderate – desideriamo; c) desidera – desidero; d) desidera – desidera.

3. a) ordini – ordino; b) ordinate – ordiniamo; c) ordina – ordino; d) ordina – ordina.

4. Ha sete? Che cosa desidera? Sono il signor Winkler di Kassel. Molto piacere. E' qui con la famiglia? Si, questa è mia moglie Ursula, e questo è mio figlio Daniel. Di dov'è Lei? Sono di Germania. E' qui per la prima volta? A Otranto sì, in Italia no. Dov'è la cabina? Lì a sinistra. Grazie, molto gentile.

5. Waagerecht: io, bibite, desidera, stanco, tedesco, capisco, colazione, invece, spiaggia, più, lungo, straniero, pasti.

Senkrecht: chi, meno, straniero, sete, ospite, cabina, mio.

Lektion 6

1. a) biglietto; centro; b) compra, lo; c) alla fermata; d) tabaccheria, capolinea; e) adesso; f) forse, vende; g) scusi, da; h) senza; i) fortunato; l) quant'è.

2. a) Dove si compra il biglietto? b) Dove si vende il biglietto? c) Dove si parla italiano? d) Dove si compra l'aranciata? e) Dove si prende il cappuccino? f) Dove si ordina l'acqua minerale?

3. a–b) In tabaccheria o al capolinea; c) In Italia; d–f) Al bar.

4. a) prendiamo, b) accetti, c) parla, d) prendete, e) vendono, f) comprano.

5. b) il biglietto, c) tabaccheria, d) fermata, e) colazione, f) il capolinea, g) stanchi, h) uno straniero, i) un turista, l) l'autista, m) il bagnino, n) il barista, o) con poca acqua.

Lektion 7

1. a) da; b) in; c) al; d) a; e) in, in; f) a; g) al, a; h) in, alla; i) a; l) al.

2. a) va; b) ordiniamo, siamo; c) desidera, prende; d) prendono; e) accetta; f) vende; g) preferisco; h) abbiamo; i) dormite; l) parlano.

3. a) preferisco; b) sente; c) sentiamo; d) dorme; e) digerisco; f) preferite; g) capisco.

4. Daniel e Franziska non vanno al cinema. Preferiscono andare in discoteca. Silvia è stanca morta e va a dormire. Franziska ha voglia di un gelato. Daniel compra un biglietto in autobus, perché è senza. Il signor Winkler accetta l'invito. Va con la famiglia a casa Lolli. Quest'anno, gli ospiti alla spiaggia sono internazionali. C'è una famiglia francese di Parigi e uno studente austriaco di Vienna.

5. Waagerecht: 7. tranquilla, 8. bene, 9. stanco, 11.+13. troppo rumore, 14. cinema, 16. stasera, 17. voglia, 19. nonna, 20. che cosa.

Senkrecht: 1. gelato, 2. morto, 3. dormire, 4. preferisco, 5. quanti anni hai, 6. sei matta, 10. come va, 12. serata, 14. calma, 15. niente, 18. ecco.

Lektion 8

1. a) voglio, b) vuole, c) vuole, d) vogliamo, e) vuole, f) volete.

2. ventuno, cinquantaquattro, tredici, diciassette, ventotto, ottantacinque, diciotto, quarantacinque, sessantasette, settantasei, novantatré, sedici, diciannove.

3. Sono le nove. E' l'una e un quarto, è mezzanotte meno un quarto (sono le ventitré e quarantacinque), sono le quattro (le sedici) e trentasette, sono le sei (le diciotto) e venticinque, sono le undici e quaranta (è mezzogiorno meno venti).

4. a) Alle venti e trenta (alle otto e mezzo); b) alle undici meno un quarto (alle dieci e quarantacinque); c) alle sei (alle diciotto) e un quarto; d) alle otto; e) alle ventitré (alle undici); f) alle undici e trentasette.

5. a) con; b) di, di; c) in, per; d) di, per, per; e) di, di; f) a, per; g) alle; h) da, per; i) dal; l) in; m) in.

6. Waagerecht: seconda, ritardo, prossimo, rapido, biglietto, normalmente, andata, vorrei, parte.

Senkrecht: binario, orario, ritorno, supplemento, locale, treno, quale, a che ora, stazione.

Lektion 9

1. a) ha fatto; b) ho passato; c) ho noleggiato; d) sono arrivato; e) sono andato; f) ho incontrato; g) ho imparato; h) siamo andati; i) sono partito.

2. a) Ha visitato la chiesa. b) Ha incontrato un custode. c) Ha imparato un sacco di cose. d) E' andato a bere un bicchiere di vino. e) E' partito già stanco. f) Ha avuto sete. g) Ha noleggiato un gommone.

3. a) Che cosa hanno visitato? Hanno visitato la chiesa. b) Chi hanno incontrato? Hanno incontrato un custode. c) Che cosa hanno imparato? Hanno imparato un sacco di cose interessanti. d) Dove sono andati con il custode? Sono andati a bere un bicchiere di vino. e) Come sono partiti? Sono partiti stanchi morti. f) Perché hanno ordinato un cocktail? Hanno avuto sete. g) Che cosa hanno noleggiato? Hanno noleggiato un gommone.

4. a) è andata alla spiaggia, b) ha parlato con il bagnino, c) è andata al bar, d) ha bevuto un caffè, e) ha passato una bella giornata.

5. a) bevo, bevi; b) fa; c) beviamo, bevete; d) fate, facciamo; e) fanno.

Lektion 10

1. a) Nel negozio di alimentari. b) Il pecorino. c) Deve prendere un po' di ricotta magra. d) Perché sua figlia fa la dieta. e) Un salame piccante. f) Crudo. g) Tre. h) No, non ha frutta. i) Deve andare dal fruttivendolo.

2. a) posso, b) devo, c) deve, d) deve, e) sa, f) sappiamo, g) possono, h) potete, i) possiamo.

3. a) di; b) di; c) nel, di, a; d) dal; e) al; f) in; g) da, a; h) di.

4. Daniel e io facciamo la spesa. Andiamo nel negozio di alimentari e compriamo il formaggio che abbiamo assaggiato. Prendiamo due etti di pecorino ed un pacco di zucchero per la colazione. Franziska fa la dieta e non deve mangiare cibi grassi. Il signore W. ha passato una bella giornata. Ha noleg-

giato un gommone ed è andato fino alla chiesa di Santa Maria di Leuca. Lì ha incontrato un custode gentile e insieme sono andati a bere un bicchiere di vino.

5.

[crossword puzzle]

Lektion 11

1. a) in; b) i tavoli; c) da parte Sua; d) niente; e) i tortellini; f) ripieni, carne; g) la verità, non mi piace, vegetariana; h) gli asparagi, alla griglia; i) di casa; l) tutti gli anni, spesso; m) sì; n) mi sono piaciute; o) la cena; p) adesso, il conto; r) alla romana.

2. a) veniamo; b) dico; c) facciamo; d) andate; e) volete; f) dobbiamo; g) fate; h) posso; i) vengono; l) dice; m) viene.

3. a) piace; b) piace; c) piacciono; d) piace; e) piacciono; f) è piaciuto; g) mi è piaciuta; h) piace.

4. a) Le; b) mi; c) gli; d) ci; e) ti; f) vi; g) gli.

5. b) No, non Le consiglio un risotto. c) No, non gli chiedo il conto. d) No, non vi consiglio i tortellini. e) No, non mi sono piaciute. f) No, non ci è piaciuto. g) No, non gli è piaciuta.

Lektion 12

1. a) Ho visitato qualche museo. b) Ho visto qualche chiesa. c) Ho passato qualche ora in libreria. d) Abbiamo fatto qualche telefonata. e) Ho parlato con qualche ragazzo. f) In spiaggia ho visto qualche straniero. g) Al ristorante ho assaggiato qualche formaggio.

2. a) Non ho visto nessuno. b) Non ho fatto niente. c) Non li ho mangiati mai. (Non li ho mai mangiati.) d) Non ho dimenticato niente. e) Non viene nessuno. f) Non abbiamo mai visto i Musei Vaticani. g) Non sono mai stato in Italia.

3. a) Siamo andati (-e) in una libreria. b) Abbiamo visto una guida interessante. c) Abbiamo deciso di comprare la guida.

d) Siamo rimasti (-e) qualche giorno a Otranto. e) Abbiamo mangiato spesso al ristorante da Pippo. f) Mi sono piaciute molto le verdure. g) Mario e Luisa sono stati al mare.

4. La signora W. parla con la Sig. Benedetti. Adesso è a Roma con la famiglia. Sono arrivati ieri sera. Non hanno visitato la città, perché sono arrivati tardi. Oggi hanno deciso di visitare i Musei Vaticani. Come spesso succede i musei sono chiusi il pomeriggio, così sono andati in una libreria lì vicino dove hanno trovato una guida interessante. Poi sono andati in un caffè e hanno letto la guida. Domani vogliono visitare il museo.

5. Die Zielscheibe
ristorante – cameriere – consigliare – cliente – cenare – tortellini – ripieno – carne – vegetariano – verdure – frutta – fruttivendolo – negozio – libreria – guida – città – museo – chiuso – oggi – aperto – domattina – tornare.

Lektion 13

1. a) pantaloni, lino; b) qualcosa, vetrina; c) un paio, camicia; d) vuole; e) taglia; f) vanno; g) stretti; h) purtroppo, colore; i) altro, prova; l) comodi, costano; m) cari, lo stesso.

2. a) Sì, li provo./No, non li provo. b) Sì, la compra./No, non la compra. c) Sì, lo prova./ No, non lo prova. d) Sì, lo prende./ No, non lo prende. e) Sì, lo chiede./No, non lo chiede. f) Sì, li ordina./No, non li ordina. g) Sì, lo assaggia./No, non lo assaggia. h) Sì, la compra./No, non la compra. i) Sì, le trova./No, non le trova. l) Sì, lo parlano./No, non lo parlano.

3. a) Ne compra quattro. b) Ne compra dieci. c) Ne ha tre. d) Ne trova una. e) Ne visita una. f) Ne beve uno. g) Ne beve uno.

4. a) Le; b) lo; c) Le; d) la; e) Le; f) la; g) La; h) Le; i) lo.

5. a) li; b) li; c) li, gli; d) le; e) le; f) li; g) gli.

Lektion 14

1. a) Senta, scusi; b) vada; c) giri; d) continui; e) giri; f) attraversi; g) prenda; h) accompagna; i) segua.

2. a) venga; b) provi; c) paghi; d) attraversi; e) vada; f) prenda; g) segua; h) assaggi; i) parta; l) chieda.

3. a) vieni; b) prova; c) paga; d) attraversa; e) va; f) prendi; g) segui; h) assaggia; i) parti; l) chiedi.

4. a) una libreria (1); b) un fruttivendolo (2); c) una tabaccheria (3); d) un negozio alimentari (4); e) il museo (5); f) il cinema (6); g) la discoteca (7); h) il ristorante (8); i) il bar (9); j) il semaforo (10); k) la fermata (11); l) il posteggio dei tassì (12); m) la stazione (13); n) la chiesa (14).

5. 5−1: vada dritto, attraversi la piazza, giri a destra e continui sempre dritto: di fronte alla stazione c'è la libreria.
13−11: vada dritto, alla seconda strada giri a sinistra, continui sempre dritto e di fronte al fruttivendolo c'è la fermata.
2−4: vada qui a destra e alla seconda strada giri a destra.
8−12: vada qui a destra, giri a destra e continui sempre dritto; al parco giri a sinistra e poi giri a destra alla prima strada: lì c'è il posteggio dei taxi.
5−6: al semaforo giri a destra, vada dritto e dopo la piazza giri a sinistra: lì c'è il cinema.
11−8: all'incrocio giri a sinistra, vada sempre dritto e dopo la piazza giri a destra: lì c'è il ristorante.
14−9: vada qui a destra, continui sempre dritto fino al parco; giri a sinistra, attraversi la piazza e lì in piazza, c'è il bar.
9−7: attraversi la piazza a sinistra, passi vicino al parco; vada a sinistra e la seconda strada giri a destra; all'angolo, di fronte al posteggio dei taxi, c'è la discoteca.

Lektion 15

1. a) sedermi; b) si accomodi; c) bambino, nipote; d) ha, si chiama; e) appena; f) si riposa, diventa; g) si alza; h) lascia; i) giovane, vivace; l) utile, di; m) ci siamo conosciuti; n) siamo sposati.

2. a) si addormenta; b) si alza; c) ci sediamo; d) si sentono; e) si sposano; f) vi conoscete; g) mi annoio; h) si chiama.

3. a) ci siamo seduti; b) non si è accomodata; c) non si sono addormentati; d) non si è annoiato; e) non si sono alzati; f) vi siete sentiti bene; g) si sono sposati; h) si sono conosciute.

4. a) di; b) in, alle; c) a, in; d) del; e) nel, con; f) in, in, in; g) da, a; h) dalla.

Lektion 16

1. a) I suoi genitori non vogliono. b) Si diverte moltissimo a girare in moto per la città. c) Sì, ma poi si sono convinti. d) La usa quando ha fretta di andare da qualche parte. e) Il tempo non è così bello e piove spesso. f) Gli consiglia di noleggiare un

motorino. g) Stefano e Daniel fanno un giro con la moto di Stefano.

2. a) Le mie macchine sono rosse. b) i tuoi fratelli si alzano tardi. c) Le nostre case sono grandi. d) Le mie sorelle sono in vacanza in Italia. e) Le vostre gite sono state divertenti. f) Le loro biciclette sono davanti al bar. g) I suoi nipoti si riposano.

3. a) la Sua; b) suo; c) i loro; d) Il loro; e) La sua; f) la sua; g) la loro.

4. a) il marito; b) il padre; c) la nonna; d) il nipote; e) la figlia; f) la madre; g) i genitori; h) il figlio; i) il fratello; l) la moglie; m) la moglie/la sorella.

Lektion 17

1. a) L'italiano è facilissimo. b) I ragazzi sono simpaticissimi. c) Siamo felicissimi di vedervi. d) Sei giovanissimo, (-a). e) Il mio appartamento è grandissimo. f) Fa caldissimo. g) Le scarpe sono carissime. h) La pizza è buonissima.

2. a) ritorneremo; b) scriverai; c) abiterete; d) partirai; e) guadagnerò; f) prenderanno; g) lavorerà; h) metteremo; i) Non ti capirò mai!

3. a) comincerò; b) dimenticheremo; c) andrò; d) verranno; e) sarò; f) farò; g) verrò.

4. a) me; b) voi; c) noi; d) me; e) me; f) te; g) loro.

Lektion 18

1. a) abbia; b) problema; c) doccia; d) si preoccupi, entro; e) sia; f) faccia; g) avere; h) mani; i) chiamare; j) ci; k) faccia, camminare; l) riesce.

2. a) Venga subito. b) Dia la chiave 40 al sig. Rossi. c) Faccia una telefonata per me. d) Abbia ancora un po' di pazienza. e) Sia così gentile. f) Vada a comprare il giornale. g) Stia qui un momento. h) Dica a Roberto di riparare la doccia. i) Controlli lo scarico. j) Metta la macchina in garage.

3. a) non venga ...; b) non dia; c) non faccia; d) non abbia; e) non sia; f) non vada; g) non stia; h) non dica; i) non controlli; j) non metta.

4. a) Dì al sig. Winkler di ... b) Fa un giro in paese. c) Sta tranquillo due minuti. d) Fa la doccia. e) Va al cinema stasera. f) Abbi pazienza un momento. g) Chiudi la finestra. h) Vieni

subito qui. i) Dà a mio figlio il tuo indirizzo. j) Sii più gentile con i bambini. k) Compra il biglietto per me.

5. a) non dire; b) non fare; c) non stare; d) non fare; e) non andare; f) non avere; g) non chiudere; h) non venire; i) non dare; j) non essere; k) non comprare.

6. b) il cameriere; c) le mani; d) gli occhi; e) la cartolina; f) lo stipendio/i soldi; g) il francobollo; h) il casco; i) la chiave.

Lektion 19

1. a) desidererei; b) mangeremmo; c) giocheresti; d) userebbero; e) cucinerebbe; f) aiutereste, chiuderesti; h) farei; i) verremmo; k) sarei; l) piacerebbe.

2. a) Le andrebbe bene; b) verresti; c) verrei; d) faresti; e) vorremmo; f) aiuterebbe; g) offriresti; h) scrivereste; i) non vorrei.

3. andrei ..., comprerei ..., partirei ..., arriverei ..., visiterei ..., magerei ..., mi piacerebbe ..., conoscerei ..., porterei ..., farei ... usw.

4. leggere, andare/continuare, aprire, annoirarsi, vendere, sedersi/andare a dormire, parlare, arrivare, bere, divertirsi, uscire, fermarsi.

Lektion 20

1. Quando ero giovane, avevo molti amici. Andavamo sempre insieme al cinema, perché ci si divertivamo molto. Qualche volta guardavamo due film uno dopo l'altro. Qualche anno (alcuni anni) dopo sono andato a Roma, perché volevo studiare lì. Prima avevo molto problemi, perché non conoscevo nessuno, ma poi ho conosciuto una ragazza simpatica che andava molto volentieri al cinema come me. Dopo molti film è diventata mia moglie.

2. a) vado; b) giocheremo; c) ci siamo conosciuti; d) usava; e) ha chiesto; f) posso/potrei, si accomodi; g) vada, giri, continui, attraversi; h) vorrei; i) piacciono; l) abbiamo trovato; m) faccia, dica; n) ho cominciato, ho finito; o) andrai.

3. a) per; b) alla, del; c) di, da; d) con; e) a, per; f) a mezzogiorno (alle 12.00); g) al; h) dalla; i) a, con la; l) in, a, dal; m) di, di; n) di, con; o) in.

Die ersten 5 Lektionstexte in Lautschrift

Am besten lernen Sie die Aussprache durch Hören und Nachsprechen. Ihr wertvollstes Hilfsmittel zum Üben des Hörverstehens und Sprechens ist daher die zu diesem Buch erhältliche Toncassette. Für den Fall, daß Ihnen die Cassette nicht zur Verfügung steht oder Sie die Aussprache nicht nur hören, sondern auch „sehen" möchten, finden Sie nachstehend die Texte der ersten 5 Lektionen, umschrieben in der allgemein gebräuchlichen „internationalen" Lautschrift. Die Zeichen der Lautschrift finden Sie auf der Seite 7 erklärt.

Beachten Sie außerdem bitte folgendes:
1. Die Lautschriftfassung der Texte beschränkt sich durchweg auf die italienische Standardsprache.
2. In der Umschrift der Texte werden die betonten Silben durch das vorangestellte Betonungszeichen ['] gekennzeichnet.

Lektion 1

al vil-'laddʒo tu'ristiko

Winkler: buon'dʒorno, ɛ 'lɛi il si'ɲoːr Mar'tiːni?
Martini: si, 'soːno io.
W: pia'tʃeːre, Rainer Winkler.
M: aː, pia'tʃeːre, benve'nuːto! ɛ ku'i kon la fa'miːʎa veːro?
W: si si, si'aːmo 'tut-ti ku'i.
M: 'bɛːne, ve'niːte, vi 'fat-tʃo ve'deːre la kaːsa. 'preːgo, di ku'i. si'eːte a 'Otranto per la 'priːma 'volta?
W: a 'Otranto si, ma in i'taːlia no.
M: aː 'bɛːne, 'bɛːne.

Lektion 2

ke 'bel-la vil-'let-ta

Martini: 'ɛk-ko ku'esta ɛ la vil-'let-ta per 'voːi. en'traːte!
si'ɲoːra: ke ka'riːna!
M: ku'i tʃɛ la ku'tʃiːna . . . li tʃɛ il 'baːɲo.
S: e li ke 'koːsa tʃɛ?

M: li tʃi 'soːno le 'kaːmere da 'letto per 'voːi e per i bam-
'biːni : ku'esto ɛ il sod-'dʒorno e li tʃɛ la ter-'ratsa.
S: aː, ɛ prɔːprio 'bella. mi pi'aːtʃe 'molto!
M: ɛ 'tutto in 'ordine?
S: si, 'graːtsie, tʃɛ 'prɔːprio 'tutto.
M: al-'loːra 'buoːne va'kantse

Lektion 3

un in'viːto 'dɔːpo 'tʃeːna

siˈɲor 'lolli: bu'oːna 'seːra, ku'esta ɛ 'miːa 'moːʎe.
siˈɲoːra 'lolli: pia'tʃeːre, kate'rina 'lolli.
siˈɲor 'Winkler: pia'tʃeːre, 'rainer 'winkler. ku'esta ɛ
'miːa 'moːʎe 'ursula, ku'esto ɛ 'miːo 'fiːʎo 'daniel e
ku'esta 'miːa 'fiːʎa fran'ziska.
Daniel, Franziska: pia'tʃeːre.
siˈɲor 'lolli: en'traːte. 'preːgo, ak-komo'daːtevi.
siˈɲoːra 'lolli: a'veːte 'seːte? ke 'koːsa dezide'raːte? abbi'aːmo una 'grappa, un liku'oːre . . .
siˈɲoːra 'lolli: eː, ma per i ra'gattsi non 'ai 'bibite, una
limo'naːta o un-aran'tʃaːta, una 'kɔka 'kɔːla? ra'gattsi
al-'loːra, ke 'kɔːsa dezide 'rate?
Daniel: 'graːtsie, ma io non ɔ 'seːte.
Franziska: un-aran'tʃaːta, 'graːtsie.
siˈɲoːra 'lolli: e 'lɛːi, siˈɲoːra?
siˈɲoːra 'winkler: un 'akkua mine'raːle, 'graːtsie. non
'beːvo 'alkɔl.
siˈɲor 'winkler: io in'veːtʃe at-'tʃetto la 'grappa.

Lektion 4

in spi'addʒa

*si*ˈɲoːrɑ 'winkler: 'skuːzi do'vɛ la ka'biːna?
baˈɲiːno: ɛ 'lultima a si'nistra, ku'ella 'verde e 'rossa.
'lɛːi ɛ nu'ɔːva ku'i, veːro?
W: si, 'soːno ku'i da i'eːri.
B: ma 'lɛːi non ɛ itali'aːna; di do'vɛ?
W: 'soːno di 'kassel.
B: aː, interes-'sante, kuest'anno ʎi 'ɔspiti 'soːno 'prɔːprio
internatsio'naːli. tʃɛ 'anke una fa'miːʎa fran'tʃeːse di

pa'riːdʒi e uno stu'dente aus'triːako di vi'ɛnna. 'venga, le 'fatt͡ʃo ve'deːre do'vɛ la ka'biːna.
W: 'graːtsie, 'molto dʒen'tiːle.
B: 'lɛːi 'parla 'bɛːne litali'aːno! 'ɛk-ko, ku'esta ɛ la ka'biːna. t͡ʃɛ 'anke lo 'spekkio, ɛ un 'pɔ 'pik-kolo ma...

Lektion 5

al 'bar 'dɔːpo 't͡ʃeːna
kameri'eːre: si'ɲoːre, de'ziːdera?
Winkler: un kap-put-'t͡ʃiːno per fa'voːre.
un kli'ente: 'lɛːi ɛ strani'eːro, veːro?
W: si, 'soːno te'desko, per'ke?
C: 'soːlo ʎi strani'eːri 'bevono il kap-put't͡ʃiːno 'dɔːpo i 'pasti.
W: e ʎi itali'aːni, ke 'kɔːsa 'prendono?
C: bɛ, 'noːi ordini'aːmo un kaf-'fɛ ri'stret-to se si'aːmo 'stanki, altri'menti prendia'ːmo un es'pres-so o un kaf-'fɛ 'lungo t͡ʃɔ'ɛ un kaf-'fɛ kon pi'u 'ak-kua. ki de'ziːdera un kaf-'fɛ 'meːno 'fɔrte 'prende un kaf-'fɛ mak-ki'aːto t͡ʃɔ'ɛ kon un 'pɔ di 'lat-te. per didʒe'riːre in'vet͡ʃe t͡ʃɛ il kaf-'fɛ kor-'ret-to kon un 'pɔ di 'grap-pa.
W: aː, ka'pisko, e il kap-put-'t͡ʃiːno al-'loːra?
C: bɛ, il kap-put-'t͡ʃiːno ɛ per la kolatsi'oːne!

Wortschatzregister

Die Zahlen verweisen auf die Lektionen.
Das Register gibt in jedem Fall an, in welcher Lektion ein Wort zum erstenmal vorkommt oder in welchen grammatischen Erklärungen es behandelt wird.

a 1
  a casa 7
  a che ora? 8
  a destra 14
  a domani 19
  a me 15
  a mezza giornata 15
  a piedi 14
  a posto 10
  a scuola 15
  a sinistra 4, 13

a terra 6
a venti anni 15
al bar *m* 5
al capolinea *m* 6
al cinema *m* 7
alla griglia *f* 11
alla mia età 17
alla romana 11
alla salute 9
alle nove 8
abbiamo 3

abitare 17
accanto a 10
accettare 5
accetto 3
accidenti! 9
accomodarsi 15
accomodatevi 3
accompagnare 14
accontentarsi di 16
acqua *f* 5
acqua minerale *f* 3

addormentato 15
adesso 6
affetto 17
al, alla 10
alcool *m* 3
alcuni, -e 20
alfabetomatto 5
alimentari *mpl* 10
alla 1
allegro, -a 17
allora 2
almeno 17
altrimenti 5
altro, -a 13
alzarsi 15
amici *mpl* 16
amico, -a 16
anche 4
ancora 10
andare 9
andare a, da, in 7
andata e ritorno 8
andiamo 14
angolo *m* 14
anni *mpl* 7
anno *m* 4
annoiarsi 15
anzi 16
aperto (aprire) 12
appartamento *m* 17
appena 15
aranciata *f* 3
archeologico, -a 14
arrivare 9, 12
asparagi *mpl* 11
aspettare 17
assaggiare 10
assicurare 18
assolutamente 18
attimo *m* 12
attraversare 14
austriaco, -a 4
autista *m* 6
auto *f* 12
autobus *m* 6
avere il tempo di 15
aver fretta 18
avete sete 3
avremmo (avere) 19

bagnino *m* 4
bagno *m* 2
bambini *mpl* 2
bambino *m* 15
bè 5
beige 13

bellissimo, -a 17
bello, -a 2
bene 1
benvenuto, -a 1
bere 9
bersaglio *m* 11
bevo 3
bevono 5
bianco, -a 13
bibite *fpl* 3
bicchiere *m* di vino 9
bicicletta *f* 16
biglietto *m* 6
binario *m* 8
blu 13
buon appetito 11
buonasera 3
buone vacanze *fpl* 2
buongiorno 1
buono, -a 10
burro *m* 10

cabina *f* 4
caffè corretto 5
caffè lungo *m* 5
caffè macchiato *m* 5
caffè ristretto *m* 5
calco, -a 9
calma *f* 7
cambiato, -a 20
camera *f* da letto 2
camera *f* doppia 18
camera *f* matrimo-
 niale 18
camera *f* singola 18
cameriere *m* 5
camicia *f* 13
camminare 18
campagna *f* 16
capire 7
capisco 5
capolinea *m* 5
cappuccino *m* 5
carattere *m* 17
carina *f* 2
carne *f* 11
caro, -a 13, 17
carta *f* di credito *m* 13
cartolina *f* 17
casa *f* 1, 11
casco *m* 16
c'è 1, 2
cena *f* 3, 11
cento 8
centro *m* 6
cercherò (cercare) 17

certamente 18
certo 10
che 2, 6, 8
 che *(als)* 17
 che cosa? 2
 che cosa desiderate 3
 che ora è? 8
 che ore sono? 8
chi 5, 12
 chi parla? 12
chiamare 11, 18
chiamarsi 15
chiave *f* 18
chiedere 11, 19
chiesa *f* 9
chilo *m* 10
chiudere 18
chiuso, -a 12, 17
ci 2, 11, 18
 ci penso io 18
 ci sono 2
 ci vediamo 12
cibi grassi *mpl* 10
cinema *m* 7
cioè 5
città *f* 12
cliente *m* 5
cocktail *m* 9
colazione *f* 5
collega 19
colore *m* 13
come 7, 13 *(als)* 20
 come Le vanno 13
 come si chiama 15
 come stai? 17
 come va? 7
cominciare 17
comodo, -a 13
complicato, -a 14
comprare 13
con 1
 con affetto 17
 con me 9
 con piacere 12
 con questo caldo 9
 con questo freddo 9
conoscente *m* 14
conoscenza *f* 15
conoscersi 15
conosciuto, -a (cono-
 scere) 15
considerare 20
consigliare 11
consiglio *m* 16
contatto *m* 17
contento, -a 17

continuare 14
conto *m* 11
controllare 18
convinto, -a (convincere) 16
cosa *f* 19
cose *fpl* 9
così 10
 così...chè 9
crescere 15
cresciuto, -a (crescere) 15
crudo, -a 10
cucina *f* 2
cucina *f* macrobiotica 19
cucinare 19
cultura *f* 20
culturale 20
custode *m* 9

da 7
 da "Mario" 7
 da ieri 4
 da parte sua 11
 da qualche parte 16
 da questi parti 19
 da vendere 6
d'accordo 19
dal 8
 dal, dalla 14
 dall'altra parte 14
dare 16
davanti a 14
davvero 11
decidere di 12
del 1
 del resto 16
della 9
desiderare 5
detto (dire) 19
deve 8
devo (dovere) 10
di 1, 4, *(als)* 17
 di dietro 14
 di dov'è 4
 di dove 4
 di fronte a 14
 di giorno 18
 di mattina 18
 di niente 11
 di notte 18
 di Parigi 4
 di prima classe 8
 di qui 1
 di seconda 8
 di sera 18

dialetto *m* 20
dico (dire) 11
dieta *f* 10
dietro 14
difficile 17
digerire 5, 7
dimenticare 12
dimenticarsi 17
dipendere da 18
dire 12
dire di sì 19
discoteca *f* 7
discutere 16
dissetante 9
distinti saluti 17
distributore automatico *m* 6
disturbare 19
diventare 15
diverso, -a 20
divertente 16
divertirsi 16
doccia *f* 18
domani 19
domattina 12
domenica *f* 19
dopo 3
dormire 7
dove 4
dov'è 7
dovuto (dovere) 16
dritto 14
dunque 8, 14
duro, -a 9

e 2
è Lei 1
è piovuto 12
eccezionale 9
ecco 2, 8
 ecco a Lei 8
 eccoli 13
emozionato, -a 17
entrare 5, 19
entrate 2
entro 18
esclusivamente 20
esempio *m* 20
esistere 20
esperienza *f* 17
espressione *f* 20
essere 4
etto *m* 10
ex alunna *f* 12

fa *(seit)* 15
 fa la dieta 10
 fa la spesa 10
faccia venire (fare) 18
facciamo (fare) 11
facile 17
famiglia *f* 1
fare 7, 9
 fa caldo 16
 faccio vedere 1
 fare in tempo a 17
 fare spese 13
 gli fa comodo 16
faticoso, -a 15
fatto 9
felice 17, 19
fermare 8
fermarsi 17, 19
fermata *f* 6
ferrovia 8
Ferrovie dello Stato 8
figli *mpl* 15
figlia *f* 3
figlio *m* 3
film *m* 7
finché 15
fin qui 19
fine *f* 9
finire 7, 17
fino a 9, 14
firmare 13
formaggio *m* 10
forse 6
forte 5
fortunato, -a 6, 15
fotografia *f* 17
fra 17
francese 4
francobollo *m* 17
fratello *m* 16
freddo, -a 9
frequentare 20
fretta *f* 16, 18
frutta *f* 10
fruttivendolo *m* 10

gelato *m* 7
genitori *mpl* 16
gente *f* 17
gentile 4, 18
già 9
giocare a tennis 19
giornale *m* 20
giornata *f* 9, 10
giovane 15
giovedì *m* 19

girare 16
giri (girare) 14
giro *m* 12, 16
gita *f* 16
gommone *m* 9
grande 15
grappa *f* 3, 5
grazie 2
  grazie a 20
griglia *f* 11
guadagnare 17
guardare 18
guerra *f* mondiale 20
guida *f* 12
guidare 16

ha 3
hanno 3
ho voglia di 7
hotel 18

identità *f* 20
idraulico *m* 18
ieri 4
ieri sera 12
i miei 16
immaginare 12, 17
immediatamente 18
imparare 9
in 1
  in campagna 16
  in discoteca 7
  in moto 16
  in orario *m* 8
  in ordine 2
  in quattro 11
  in ritardo 8
  in spiaggia 7
  in vacanza 11
incontrare 9
incredibile 18
incrocio *m* 14
indipendente 17
informazione *f* 14
insieme 9
insistere 18
insopportabile 15
intasato, -a 18
integrale (pane ~) 19
interessante 4
internazionale, -i 4
invece 3
invito *m* 3
italiano, -a 4

La, Le 19
lasciare 15

latte *m* 5
lavarsi 18
lavora 6
lavorare 19
lavoro *m* 15
Le 6
  Le andrebbe bene 19
le, li 13
lei 4
lettera *f* 17
letto (leggere) 12
letto *m* 2
lì 2
libreria *f* 12
lilla 13
limonata *f* 3
lingua *f* 20
lino *m* 13
liquore *m* 3
lo 13
  lo stesso 13
locale *m* 8, 14
lontano, -a da 14
loro 1
loro 16
lunedì *m* 19
lungo, -a 5

ma 1, 4
  ma dai! 16
  ma no! 9
macchina *f* 14
macchina fotografica *f* 17
macrobiotico, -a 19
madre *f* 15
magro, -a 10
mai 8, 12
mamma mia 10
mancare 19
mangiare 10, 19
mani *fpl* (la mano *f*) 18
mare *m* 19
marito *m* 15
martedì *m* 19
mattina *f* 15
matto, -a 7
meglio 17
meno 5, 8
mentalità *f* 16
mentre 20
mercoledì *m* 19
mese *m* 17
metà *f* 20
mezzo 8
  mezzo chilo *m* di 10

mi dispiace 10
  mi permette di 17
mi piace 2
mi porti 13
mi può dire 14
mi, ti 13
mia, mio 3, 16
mie, miei 16
mila 8
milanese 10
mille 8
modello *m* 13
moglie *f* 3
moltissimo 16
molto 2
molto, -a 20
morto, -a 9, 15
moto *f* 16
motorino *m* 16
Musei Vaticani *mpl* 12
musicale 20

ne 13
necessario, -a 16
negozio *m* 10
nero, -a 13
nervoso, -a 15
nessuno 12
niente 7
nipote *m/f* 15
no 1
noioso, -a 17
noleggiare 9
non 3
  non lo sa 6
  non... mai 12
  non mi piace 11
  non si sente niente 7
nonna *f* 7
normalmente 8
nostro, -a 11
notte *f* 18
nuovo, -a 4

o 3
occasione *f* 17
occhio *m* 18
occupato 11
offrire 11
oggi 9
olio *m* 11
orario *m* 8
ordinare 5
orizzontali 7
ospiti, gli *mpl* 4
ottimo 11

pacchetto *m* 19
pacco *m* 10
pace *f* 18
padre *m* 16
paese *m* 18
pagare 8
paio *m* 13
pane *m* (integrale) 19
panino *m* 10
pantaloni *mpl* 13
parcheggiare 14
parco *m* 14
parla 4
parlare 5
parlare di 19
parlava (parlare) 20
parole incrociate *fpl* 7
parte *f* 14, 19
partire 8
partito 9
passante *m* 14
passare (passato) 9
passare 7
pasti *mpl* 5
patente *f* 16
pazienza *f* 18
peccato 11
pecorino *m* 10
pensare 17
per 1
  per carità *f* 11
  per cento 20
  per esempio 20
  per favore 5
  per la città 12
  per la prima volta 1
  per voi 2
per... *(nach..)* 8
perché 5, 13
perdere 20
pericolo *m* 16
pericoloso, -a 16
permettere 17
però 15
persona *f* 17
piacere *m* 1
piaciuto (piacere) 12
pian piano 20
piano 15
piccante 10
piccolo, -a 4
piedi *mpl* 14
piove 16
piovuto 12
più 5, 15
  il più presto 17

pizzeria 7
poco, -a 20
poi 2
pomeriggio *m* 9, 12
popolazione *f* 20
portare 13, 19
possibile 17
posso (potere) 10
posto *m* 14
potevo (potere) 19
preferire 7, 19
preferisco 7
prego 1
prenda (prendere) 14
prende 5
prendere 6
  prendere in affitto 19
prendiamo 5
prendo 13
prendono 5
preoccuparsi 18
preso (prendere) 19
presto 15, 17
problema *m* 18
programma *m* 18
pronto 12
proprio 2
prosciutto *m* 10
prossimo, -a 8
provare 13
può (potere) 10
purtroppo 12

qualche 12
  qualche anno fa 15
  qualche ora 12
  qualche volta 19
qualcosa 13
qualcuno 6
quale 8
quant'è 6
quanti anni hai? 7
quanto 6
  quanto costa 13
  quanto costano 13
quarto *m* 8
quelli lì 13
quello, -a 4, 20
questa 2
questo, -a 2
quest'anno 4
qui 1, 10
quinto, -a 14

raccontare 19
radio *f* 20

ragazza *f* 16
ragazzo *m* 3
ragione *f* 16
rapido *m* 8
realtà *f* 20
ricotta *f* 10
riferire 18
riforma *f* 20
riga *f* (*pl* righe) 17
rimanere 12
rimasti (rimanere) 12
ringraziare di 19
  La ringrazio di 19
ripetere 14
ripieno di 11
riposarsi 15
riscoperta *f* 20
ristorante *m* 11
ritardo *m* 8
ritornare 15, 17
ritorno *m* 9
rosa 13
rosso, -a 4
rumore *m* 7

sa 10
sabato *m* 19
sacco di, un 9
salame *m* 10
sale *m* 10
salire 16
salutare 17
salute *f* 9
santo, -a 18
sapere 10
scarico *m* 18
scolastico, -a 20
scomparso (scomparire) 20
scontrino *m* 13
scorrere 18
scorso, -a 20
scritto, -a 20
scrivere 17
scuola *f* 15
scusi (scusare) 14
scusi 4
se 5, 16
secolo *m* 20
sedersi 15
segua (seguire) 14
sei tu 1
semaforo *m* 14
sembrare 15
sempre 14, 18
senta (sentire) 14

sentiamo 7
sentire 7
sentirsi 15
senza 6
sera *f* 12
serata *f* 7
sete *f* 3, 9
settimana *f* 12
sì 1
  si accomodi 15
  si compra 6
  si fa (farsi) 16
  si fa bella figura 16
  si figuri 19
  si riesce a 18
siamo 1
siccome 11
sicuramente 20
siedono (sedere) 11
siete voi 1
signor(e) *m* 1
signora *f* 2
simpatico, -a 17
sistema *m* 20
situazione *f* 20
soggiorno *m* 2
soldi *mpl* 17
solo 5, 17
solo, -a 11
sono io 1
sopra 18
sorella *f* 16
specchio *m* 4
specialità *f* 11
specialmente 18
spesa *f* 10
spese *fpl* 13
spesso 11
spiaggia *f* 4
sposarsi 15
stanco morto 7
stanco, -a 5, 7
stare 17
  stare a contatto con 17
stasera 7
stato (essere) 9
stazione *f* 8
stipendio *m* 17
strada *f* 10
stradale 14

straniero, -a 5
stretto, -a 13
studente *m* 4
studiare 12
subito 16
succede 12
supplemento *m* 8

tabaccheria *f* 6
taglia *f* 13
tanti saluti 17
tanto, -a 16, 18
tassì *m* 14
tavolo *m* 11
tedesche, -chi 5
tedesco, -a 5
telefonata *f* 12
telegramma *m* 18
televisione *f* 20
tempo *m* 16
  tempo di... 12
  tempo libero 17
terra *f* 6
terrazza *f* 2
terzo, -a 14
tornare 12
tortellini *mpl* 11
toscano, -a 10
tranquillo, -a 7, 15
trattoria 7
tre quarti 8
treno *m* 8
triste 17
troppo 7
trovare 17
trovarsi bene 19
turista 6
turistico 1
tutti 1
tutto, -a 2, 8

ufficio *m* 15
  ~ informazioni turistiche 17
ultimo, -a 4
un, uno, una, un' 3
  un po' (poco [di]) 4, 5
ungherese 10
unità *f* 20
uova *fpl* (l'uovo *m*) 10

usare 16, 20
uscire 18
utile 15

va bene 13
vacanze *fpl* 2
vada (andare) 14
vado a 7
varietà *f* 10
vegetariano *m* 11
vende 6
vendere (venduto) 9
vendere 6
venerdì *m* 19
venga 4
vengo 7
venire 12
venite 1
verde 4
verdura *f* 11
verità *f* 11
vero? 1
verrai (venire) 17
verticali 7
vetrina *f* 13
vi 11
viceversa 20
vicino a 13, 14
villaggio *m* 1
villetta *f* 2
viola 13
visitare 9, 12
visitato (visitare) 12
visto (vedere) 12
vicace 15
vivere 16
voglia *f* 7
volentieri 12
volere (voluto) 9
volere 8
volevo (volere) 19
volta *f* 14
  la prima volta 1
  un'altra volta 14
vorrei 8
vuole 8

zoccoli *mpl* 18
zona *f* 20
zucchero *m* 10